T'es branché? 1
Second Edition

Workbook

With the collaboration of

Jacques Pécheur

CARNEGIE LEARNING

PITTSBURGH, PA

Publisher: Alex Vargas
Senior Editor: Nathalie Gaillot
Senior Associate Editor: Nicki Stevenson
World Language Production Editor: Emily Tope
Cover Design: Leslie Anderson

Design and Production Specialists: Tammy Norstrem, Ryan Hamner
Illustrations: S4Carlisle Publishing Services; Alonzo Design/iStockphoto (p. 237)

Care has been taken to verify the accuracy of information presented in this book. However, the authors, editors, and publisher cannot accept responsibility for Web, e-mail, or newsgroup subject matter or content, or for consequences from application of the information in this book, and make no warranty, expressed or implied, with respect to its content.

We have made every effort to trace the ownership of all copyrighted material and to secure permission from copyright holders. In the event of any question arising as to the use of any material, we will be pleased to make the necessary corrections in future printings. Thanks are due to the aforementioned authors, publishers, and agents for permission to use the materials indicated.

ISBN 978-1-53383-214-6

© by Carnegie Learning, Inc.
501 Grant Street, Suite 1075
Pittsburgh, PA 15219
Email: info@carnegielearning.com
Web site: www.carnegielearning.com

All rights reserved. No part of this publication may be adapted, reproduced, stored in a retrieval system, or transmitted in any form or by any means, electronic, mechanical, photocopying, recording, or otherwise, without prior written permission from the publisher. Teachers using *T'es branché?* Level 1 may photocopy complete pages in sufficient quantities for classroom use only and not for resale.

Printed in the United States of America

30 29 28 27 26 25 24 23 22   6 7 8 9 10 11 12 13

CONTENTS

Unité 1
- Leçon A — 1
- Leçon B — 6
- Leçon C — 9

Unité 2
- Leçon A — 13
- Leçon B — 24
- Leçon C — 31

Unité 3
- Leçon A — 40
- Leçon B — 53
- Leçon C — 64

Unité 4
- Leçon A — 80
- Leçon B — 93
- Leçon C — 104

Unité 5
- Leçon A — 114
- Leçon B — 125
- Leçon C — 135

Unité 6
- Leçon A — 145
- Leçon B — 155
- Leçon C — 164

Unité 7
- Leçon A — 172
- Leçon B — 180
- Leçon C — 189

Unité 8
- Leçon A — 198
- Leçon B — 212
- Leçon C — 225

Unité 9

Leçon A	235
Leçon B	246
Leçon C	255

Unité 10

Leçon A	264
Leçon B	273
Leçon C	281

Nom et prénom: _____ Classe: _____ Date: _____

Unité 1: Bonjour, tout le monde!

Leçon A
Vocabulaire

1 Based on the level of formality needed to address the following people, write **Bonjour!** or **Salut!** next to each name.

1. Madame Durand: _____

2. Léo: _____

3. Héloïse: _____

4. Monsieur Rivoire: _____

5. Antoine et Karim: _____

6. Malika: _____

7. Monsieur et Madame Bouchareb: _____

8. Madame Jacquin: _____

2 Write an appropriate greeting for each of the following people.

MODÈLE   Monsieur Leclerc, your chemistry teacher
            Bonjour, monsieur!

1. your best friend _____

2. a woman to whom you are being introduced _____

3. your uncle _____

4. your cousins Malia and Brent _____

5. Netra, a new student at school _____

6. Madame Bernier, who works at your favorite shopping mall
_____

7. a teen you met at the school cafeteria yesterday _____

Nom et prénom: _____ Classe: _____ Date: _____

3 Answer each of the following questions in three different ways. Follow the **modèle**.

> MODÈLE Tu t'appelles comment? (*Laurence*)
> **Je m'appelle Laurence.**
> **Je suis Laurence.**
> **Moi, c'est Laurence.**

1. Tu t'appelles comment? (*Awa*)

   _____

   _____

   _____

2. Tu t'appelles comment? (*Noah*)

   _____

   _____

   _____

3. Tu t'appelles comment? (*Rahina*)

   _____

   _____

   _____

4. Tu t'appelles comment? (*Émilie*)

   _____

   _____

   _____

5. Tu t'appelles comment? (*Marc-Antoine*)

   _____

   _____

   _____

6. Et toi, tu t'appelles comment?

   _____

   _____

   _____

4 Introduce the following people, using the correct expressions from the list below.

mon camarade de classe   ma camarade de classe   mon copain   ma copine

> MODÈLES   April, your classmate   Darren, your friend
> C'est **ma camarade de classe.**   C'est **mon copain.**

1. Shawna, your friend

   C'est _____ .

2. Johnny, your classmate

   C'est _____ .

3. Natalie, your friend

   C'est _____ .

4. Owen, your friend

   C'est _____ .

5. Rodrigo, your classmate

   C'est _____ .

6. Danasia, your classmate

   C'est _____ .

Nom et prénom: _____ Classe: _____ Date: _____

5 Write sentences to introduce one friend and one classmate of each gender.

   MODÈLE   Matt, c'est mon camarade de classe.

   _____
   _____
   _____
   _____

6 Complete the following sentences with the appropriate missing words.

   1. Je m' _____ Jérémy.

   2. Moi, c' _____ Timéo.

   3. Je _____ Romane.

   4. Je vous _____ Saniyya.

   5. C' _____ Virginie.

   6. Je te _____ Alexis.

   7. Moi, je m' _____ Sarah.

7 Complete the sentences by writing the nationalities of the following people. Follow the **modèle**.

   MODÈLE   Augustin est français, Marianne est **française**.

   1. Pierre-Louis est canadien, Joanne est_____.

   2. Aïcha est algérienne, Nasser est _____.

   3. Jesse est américain, Keita est _____.

   4. Jean est américaine, Julian est_____.

   5. Mégane est française, Michel est_____.

   6. Talia est canadienne, Aiden est _____.

   7. Abdel-Karim est algérien, Hamza est_____.

   8. Cédric est français, Océane est_____.

Nom et prénom: _____ Classe: _____ Date: _____

8 Match each illustration to the appropriate dialogue.

A   B   C   D

_____ 1. - Charlotte, je suis canadienne.
         - Moi c'est Lilou, je suis française.

_____ 2. - Oui, allô, Coralie, c'est Khaled!
         - Salut, Khaled!

_____ 3. - Pierre, je te présente Madame Zidane.
         - Enchanté.

_____ 4. - Tu t'appelles comment?
         - Moi, c'est Philippe.

9 Respond to the following situations in French.

1. Tu t'appelles comment?
   _____

2. Je te présente Coralie.
   _____

3. Tu t'appelles Awa?
   _____

4. C'est Evenye, ma camarade de classe.
   _____

5. Tu es américain ou américaine?
   _____

6. Comment allez-vous?
   _____

7. Je suis algérien, et toi?
   _____

Nom et prénom: _____ Classe: _____ Date: _____

10 Use the information in each paragraph to complete the ID card below it.

1. Bonjour, je m'appelle Monsieur Laberge, mon prénom c'est Damien. Je suis du Canada, de Montréal. Je suis né (*born*) en 1964.

2. Salut! Comment ça va? Moi c'est Rosalie, Rosalie Jacquin. Ça va très bien! Je suis de Paris. Je suis née (*born*) en 2006.

CARTE D'IDENTITÉ
Nom: _____
Prénom: _____
Sexe (*gender*): _____
Date de naissance (*birth date*): _____
Nationalité (*nationality*): _____

CARTE D'IDENTITÉ
Nom: _____
Prénom: _____
Sexe (*gender*): _____
Date de naissance (*birth date*): _____
Nationalité (*nationality*): _____

3. Allô? Monsieur Duvalier? C'est Félix Atalier d'Algérie. Je suis né en 1988.

4. Oui? Mégane? C'est Ariana, Ariana Cohen, de Minneapolis. Je suis née en 2003.

CARTE D'IDENTITÉ
Nom: _____
Prénom: _____
Sexe (*gender*): _____
Date de naissance (*birth date*): _____
Nationalité (*nationality*): _____

CARTE D'IDENTITÉ
Nom: _____
Prénom: _____
Sexe (*gender*): _____
Date de naissance (*birth date*): _____
Nationalité (*nationality*): _____

Culture

11 Complete the following activities in English according to the **Points de départ** in **Leçon A**.

1. Go online and look up French first names. Can you find a French equivalent of your name?

   _____

2. Find three first names that are used in the United States and are of French origin.

   _____   _____   _____

3. Find three famous people in the United States that have a French or French Caribbean first name.

   _____   _____   _____

Nom et prénom: _____ Classe: _____ Date: _____

Leçon B
Vocabulaire

12 Based on the level of formality required for each conversation, write **Au revoir!** or **Salut!**

1. M. George à Mme Dumarais: _____

2. Maxime à Mathias: _____

3. Le professeur à Paul: _____

4. Paul au professeur: _____

5. Yasmine à Tom: _____

6. Maxime à Mme Charlebois: _____

13 Use the following expressions to complete each of the conversations below.

Tu vas bien?   Comment allez-vous?   Ça va?   Et toi?   Comment tu vas?   Et vous?

1. _____
 - Oui, ça va.

2. _____ Madame?
 - Je vais bien. Merci.

3. _____
 - Pas mal!

4. - Salut Moussa, _____
 - Comme ci, comme ça!

5. _____ monsieur Grand?
 - Pas trop mal, merci.

6. _____, Amélie?
 - Ça va, merci.

6   Unité 1, Leçon B   T'es Branché?, Workbook   © EMC Publishing, LLC

Nom et prénom: _____ Classe: _____ Date: _____

14 Say how each person is doing, according to the illustrations.

1. Anaïs
2. Paul 
3. M. et Mme Dubois 
4. Alexandre 
5. Marlène 
6. Sophia et Karima 

1. _____ 2. _____ 3. _____
4. _____ 5. _____ 6. _____

15 Circle the word or expression that does not belong with the others.

1. A. Madame
   B. Salut!
   C. Ça va?
   D. Et toi?

2. A. Mademoiselle Labec
   B. Madame Bérard
   C. Monsieur Lenoir
   D. Sarah

3. A. Pas très bien.
   B. Très bien.
   C. À demain!
   D. Comme ci, comme ça.

4. A. toi
   B. un garçon
   C. une fille
   D. un camarade de classe

Nom et prénom: _____ Classe: _____ Date: _____

16 Create logical sentences by placing the elements in the correct order.

1. vas / Salut / bien / tu / , / ? _____
2. comme ci / Ça / comme ça / va / , / . _____
3. allez / Madame / bien / Bonjour / vous / , / ? _____
4. tu / comment / Salut / vas / , / ? _____
5. merci / trop / Pas / mal / , / . _____

Culture

17 Complete the following activity. Refer to the **Points de départ** in **Leçon B**.

Download a map of Europe and locate two European countries and two North African countries where French is spoken. Indicate the official language(s) of the country, as well as other languages that are spoken there. Include a famous landmark or person originating from each country.

_____
_____
_____
_____
_____
_____
_____
_____

18 List four similarities and/or differences between **la rentrée** in your country and in France. Refer to the **Points de départ** in **Leçon B**.

1. _____
2. _____
3. _____
4. _____

Nom et prénom: _____ Classe: _____ Date: _____

Leçon C
Vocabulaire

19 Write each word below in the correct category.

le cinéma   le centre commercial   le café   la fête   la maison

Les lieux de loisirs (places where you spend your free time)	**Les lieux de consommation** (places where you buy things)

20 Say where you go, according to the illustrations.

1. On va _____.   2. On va _____.

3. On va _____.   4. On va _____.   5. On va _____.

Nom et prénom: _____ Classe: _____ Date: _____

21 Rearrange the following sentences to create a coherent dialogue.

Je ne peux pas. Je dois faire mes devoirs.
On va au centre commercial?
Ça va bien, merci. Et toi?
Ça va mal.
Salut Jean-Luc, ça va?

1. _____
2. _____
3. _____
4. _____
5. _____

22 Complete the following sentences with **peux**, **veux**, or **dois**.

1. On va au centre commercial?

   Non, je _____ aider ma mère.

2. On va au café?

   Oui, je _____ bien.

3. On va au cinéma?

   Oui, je _____.

4. Tu viens à la fête?

   Non, je ne _____ pas.

5. Tu voudrais aller au lycée?

   Non, je _____ faire les devoirs.

6. Tu veux aller à la maison?

   D'accord, je _____ bien.

10 Unité 1, Leçon C *T'es Branché?*, Workbook © EMC Publishing, LLC

Nom et prénom: _____ Classe: _____ Date: _____

23 How would you respond to the following people?

MODÈLE Your father asks you to help him fix the car.
Oui, je veux bien.

1. Your best friend invites you to the movies.
   _____

2. A stranger asks you to have coffee with him.
   _____

3. A boy or girl that your best friend likes invites you to a party without your best friend.
   _____

4. Your sister asks you to take her to the mall.
   _____

5. A student in your French class asks for your help with homework.
   _____

Culture

24 Create a social media page to share with your French class, in which you compare activities that are common among your peers with those among French teens. Refer to the **Points de départ** in **Leçon C**.

_____
_____
_____
_____
_____
_____
_____
_____

Nom et prénom: _____ Classe: _____ Date: _____

25 Refer to the **Points de départ** in **Leçon C** to correct the following statements.

   MODÈLE   Martinique is located in South America.
            Martinique is located in the West Indies.

1. Africa is divided into three main zones: West Africa, North Africa, and Central Africa.
   _____
   _____

2. Peul, Wolof, Malinke, and Bambara are West African countries.
   _____
   _____

3. Aimé Césaire is a DJ from the Ivory Coast.
   _____
   _____

4. Patrick Chamoiseau and Raphaël Confiant defined the term **la négritude**.
   _____
   _____

5. The French West Indies consist of Guadeloupe, Martinique, French Guiana, Saint-Martin, and Saint-Barthélemy.
   _____
   _____

6. **La Guyane (française)** is best known for its ecotourism.
   _____
   _____

Unité 1, Leçon C   *T'es Branché?*, Workbook

Nom et prénom: _____ Classe: _____ Date: _____

Unité 2: Les loisirs

Leçon A
Vocabulaire

1 Categorize each of the following activities as a sports activity (**activité sportive**) or a social activity (**activité sociale**).

faire du footing	aller au cinéma	nager	faire du vélo
faire du patinage	faire du shopping	faire du roller	aller au café
sortir avec mes amis	manger des frites		

Activités sportives:

_____

_____

_____

_____

Activités sociales:

_____

_____

_____

_____

2 Complete each of the following responses by adding a phrase using **J'aime…** or **Je n'aime pas…**.

1. Tu aimes faire du shopping? Oui, _____

2. Tu aimes faire du vélo? Non, _____

3. Tu aimes jouer au basket? Non, _____

4. Tu aimes aller au cinéma? Oui, _____

5. Tu aimes faire du ski? Oui, _____

6. Tu aimes jouer au foot? Non, _____

7. Tu aimes plonger? Oui, _____

8. Tu aimes faire du patinage artistique? Non, _____

Nom et prénom: _____ Classe: _____ Date: _____

3 Describe the weather conditions based on each of the sentences below.

　　　MODÈLE　　Your dad is putting on his raincoat.
　　　　　　　　Il fait mauvais.

1. You grab your umbrella.
   _____

2. Your sister is wearing boots.
   _____

3. Your friends are playing outside.
   _____

4. The sun is bright in your room.
   _____

5. You hear thunder.
   _____

6. Your family is going on a picnic.
   _____

4 The calendar below tells you what the weather will be like each day this week. Tell your friend the forecast for the following days, as well as an activity you would like to do on each day.

　　　MODÈLE　　lundi
　　　　　　　　Lundi, il fait mauvais. Je voudrais aller au café.

1. mardi
   _____

2. mercredi
   _____

3. jeudi
   _____

4. vendredi
   _____

5. samedi
   _____

6. dimanche
   _____

Nom et prénom: _____ Classe: _____ Date: _____

5 Use the following sentences to ask people questions about what they like to do. Follow the **modèles**.

> MODÈLES J'aime faire du shopping. (*ma copine*)
> **Qu'est-ce que tu aimes faire? Tu aimes faire du shopping?**
>
> J'aime faire du footing. (*Monsieur Dubois*)
> **Qu'est-ce que vous aimez faire? Vous aimez faire du footing?**

1. J'aime jouer au foot. (*mon père*)
_____
_____

2. J'aime faire du footing le dimanche. (*Madame Rousset*)
_____
_____

3. J'aime manger des pâtes. (*mon copain*)
_____
_____

4. J'aime aller au centre commercial le mercredi. (*ma mère*)
_____
_____

5. J'aime jouer au hockey sur glace le vendredi. (*ma camarade de classe*)
_____
_____

6. J'aime manger de la pizza au café le dimanche. (*Monsieur Xavier*)
_____
_____

7. J'aime faire de la gym le lundi, le mardi, le mercredi, le jeudi, le vendredi, le samedi, et le dimanche. (*Madame Langue*)
_____
_____

Nom et prénom: _____ Classe: _____ Date: _____

6 Answer the following questions.

1. Tu voudrais faire du patinage artistique avec ton camarade de classe?
   _____
   _____

2. Tu veux faire du ski samedi?
   _____
   _____

3. Qu'est-ce que tu aimes faire le dimanche?
   _____
   _____

4. Il fait beau. Tu voudrais faire du shopping avec ton copain ou ta copine?
   _____
   _____

5. C'est vendredi. Tu voudrais manger une pizza au café?
   _____
   _____

6. C'est mardi. Tu voudrais jouer au hockey sur glace?
   _____
   _____

7. Tu veux faire de la gym avec ton père?
   _____
   _____

Nom et prénom: _____ Classe: _____ Date: _____

Culture

7 Go online and find information about the **Tour de France**. Then answer the questions below.

1. What countries will the next Tour de France cross?
   _____

2. What will be the start and finish cities?
   _____

3. Look at the previous **parcours**. Which mountain ranges did the participants go through?
   _____

4. Choose four cities that previous Tour de France participants went through. For each one, present a tourist attraction as well as a culinary specialty.

   City 1: _____

   Attraction: _____

   Food specialty: _____

   City 2: _____

   Attraction: _____

   Food specialty: _____

   City 3: _____

   Attraction: _____

   Food specialty: _____

5. Who was the last Tour de France **maillot jaune** winner? _____

Nom et prénom: _____ Classe: _____ Date: _____

8 Go online and research three of the following Parisian cultural points. Find three facts about each one. Then find a map of Paris and situate those places on your map. Include photos. You may use the questions below to help you think of interesting information to research.

   A. Paris **arrondissements** (What are they? How many are there? Which are the most famous?)

   B. The **Seine** river (How big is it? Where is it located? Can you swim in it?)

   C. **La tour Eiffel** (How tall is it? What is it made of? When was it built? By whom? Why?)

   D. **Le Centre Pompidou** (When was it created? What is in it? Who was Pompidou?)

   E. **La Grande Arche de la Défense** (What is that? Why is it called that? Is it a military project?)

   F. **Le musée du Louvre** (When was it built? What's in there? How many tourists visit it each year?)

   G. **Le musée d'Orsay** (When was it built? What's in there? Why would you (not) like to visit it?)

   H. **Notre-Dame** (When was it built? What does it look like inside?)

   I. **L'Arc de Triomphe** (What is it? Where is it located? What does it look like?)

   J. **Les Champs-Élysées** (What is it? What does the name mean?)

   K. **La coulée verte** (Where is it? What is it? What can you do there?)

   L. **Les Tuileries** (What is it? Who had it built? Why was it built?)

   M. **Les jardins du Luxembourg** (Why does it have a foreign name? What can one do or see there?)

1. _____
   _____
   _____
   _____

2. _____
   _____
   _____
   _____

3. _____
   _____
   _____
   _____

Nom et prénom: _____ Classe: _____ Date: _____

Structure

9 Circle the subject pronoun in each of the following sentences.

1. Papa et moi, nous désirons jouer aux jeux vidéo.

2. Maman, elle préfère faire de la gymnastique.

3. Toi et Gisèle, vous allez au café.

4. Toi, tu veux aller au cinéma avec moi?

5. Je veux voir un film au cinéma.

6. On va au parc, les copains?

7. Nous aimons jouer au tennis.

10 Complete each of the following sentences by writing the correct pronoun in the space provided.

1. Caroline, _____ aime faire du shopping.

2. Clément et Karim, _____ aiment aller au cinéma.

3. Monsieur Abraham, comment allez-_____?

4. _____ m'appelle Isabelle.

5. Mme Romain et Mme Diouf, _____ aiment manger de la pizza.

6. Dis, _____ va au centre commercial?

7. _____ aimes faire du footing avec moi?

Nom et prénom: _____ Classe: _____ Date: _____

11 Based on the sentences below, indicate whether you should use **tu** or **vous** to address each person or group of people.

1. Salut, ça va?
   _____

2. Bonjour, monsieur!
   _____

3. Irène et Amélie, on va au café dimanche?
   _____

4. Paul et Alima, c'est mon père!
   _____

5. Non madame Gervason, je dois aider ma copine.
   _____

6. Oui, je veux bien, Diego.
   _____

7. Oui? Monsieur et madame Abdou?
   _____

12 Complete the following sentences with the correct infinitive from the list below.

| faire les devoirs | manger des pâtes | sortir avec mes amis | faire du shopping |
| faire du footing | manger des frites | plonger | jouer au hockey |

1. J'aime _____ à la piscine.
2. Je n'aime pas _____ et manger une pizza.
3. Il fait mauvais. J'aime _____ au centre commercial.
4. Il fait beau. J'aime _____.
5. Tu aimes _____ à la maison?
6. Monsieur Albert, vous aimez _____ et un hamburger?
7. J'aime _____, Angie et Fred.
8. Nous aimons _____ en hiver.

Nom et prénom: _____ Classe: _____ Date: _____

13 Say what the following people are doing, according to the illustrations.

MODÈLE Florence, **elle mange des pâtes.**

Florence

1. David et Hugo
2. toi et moi
3. M. Alain
4. moi
5. toi
6. Marie

1. David et Hugo, _____

2. Toi et moi, _____

3. M. Alain, _____

4. Moi, _____

5. Toi, _____

6. Marie, _____

© EMC Publishing, LLC *T'es Branché?*, Workbook Unité 2, Leçon A **21**

Nom et prénom: _____ Classe: _____ Date: _____

14 Complete each of the following sentences with the correct form of the verb in parentheses.

1. Tu _____ au foot le lundi. (*jouer*)

2. Vous _____ à la piscine le mardi. (*nager*)

3. Il fait mauvais. On _____ sortir avec les amis. (*désirer*)

4. Jennifer, elle _____ au hockey sur glace. (*jouer*)

5. Je te _____ Delphine. (*présenter*)

6. Nous te _____ Monica. (*présenter*)

7. Il _____ Gaïtan. (*s'appeler*)

8. Monsieur et Madame Charpin, ils _____ une salade? (*désirer*)

15 Answer affirmatively to each of the following questions, making sure to use the correct form of the verb.

1. Tu manges de la salade à la maison?
   _____

2. Malick et Émile, ils aiment les frites?
   _____

3. Madame Grenet, elle nage à la piscine?
   _____

4. Tu aimes faire du ski alpin?
   _____

5. Tu manges de la pizza le samedi?
   _____

6. Timéo et Salima, vous désirez une salade?
   _____

7. Alex, on joue au foot?
   _____

Nom et prénom: _____ Classe: _____ Date: _____

16 You made a new friend on your favorite social networking site. As you read a message from him, you notice that some words have been replaced with random symbols. To figure out the message, replace the symbols with the most logical word or verb form.

Salut,

Je m'(1) #### Karim. Je (2) **** algérien et j'(3) @@@@ au Canada. J' (4) !@!% jouer au foot, (5) #### du sport, et (6) &&&& avec des copains. Nous (7) %$%$ au basket, et nous (8) *^*^ aller au cinéma. Et (9) ^^^^? Tu (10) //// aller au (11) #@#* avec nous?

(12) ++++
Karim

1. _____
2. _____
3. _____
4. _____
5. _____
6. _____
7. _____
8. _____
9. _____
10. _____
11. _____
12. _____

Nom et prénom: _____ Classe: _____ Date: _____

Leçon B
Vocabulaire

17 Match the words from the column on the left with the words from the column on the right.

1. un texto   A. jouer
2. sur Internet   B. écrire
3. un lecteur MP3   C. regarder
4. un livre de français D. envoyer
5. aux jeux vidéo   E. surfer
6. la télévision   F. lire
7. la cuisine   G. écouter
8. sur ordinateur   H. faire

18 Your friend sent you a text message about his new girlfriend, but parts of it were accidentally deleted. Fill in the missing words below.

Salut! Ça va? Tu joues (1) _____ ou tu regardes

(2) _____? Ma copine s'appelle Naomie. Elle aime surfer

(3) _____ et écouter (4) _____. Elle n'aime pas

(5) _____ un livre et (6) _____ pour la classe de

français. Elle n'aime pas faire (7) _____ (les pâtes, la salade). Elle aime

(8) _____ des textos.

Nom et prénom: _____ Classe: _____ Date: _____

19 Fill out the speech bubbles with **j'aime un peu**, **j'aime bien**, **j'aime beaucoup**, or **je n'aime pas**, according to the illustrations.

1.
2.
3.
4.
5.
6.

T'es Branché?, Workbook — Unité 2, Leçon B

Nom et prénom: _____ Classe: _____ Date: _____

20 Answer the following questions in French.

1. Tu aimes écouter de la musique?
   _____

2. Ton prof de gym, il aime faire la cuisine?
   _____

3. Ta camarade de classe, elle aime faire du sport?
   _____

4. Tes amis et toi, vous aimez surfer sur Internet?
   _____

5. Tu aimes téléphoner à tes copains et tes copines?
   _____

6. Tu joues aux jeux vidéo à la maison?
   _____

7. Ta mère aime envoyer des textos?
   _____

8. Ton père aime regarder la télé?
   _____

Nom et prénom: _____ Classe: _____ Date: _____

21 Send a text message to a French friend you met online through your school. Say two things you and your family do, two things you like to do a lot or a little, and one thing you do not like to do at all. Then, ask your friend three questions about his or her habits and what he or she likes and dislikes.

SM

Simon Mallat

78-45-29-32

Nom et prénom: _____ Classe: _____ Date: _____

Culture

22 Match a district, monument, or event related to Lyon to each of the historical periods below. You may refer to the **Points de départ** in **Leçon B**.

1. Roman Empire
2. Renaissance
3. XVIIIth Century
4. XIXth Century
5. World War II
6. XXth Century

A. Place Bellecour
B. the Lumière brothers invented the cinema
C. the capital city of the resistance
D. the Vieux Lyon
E. the capital city of Gaul
F. world capital of gastronomy

Conduct a search to discover other "capital" titles Lyon holds.

_____
_____

23 Match the terms in the left column with their definitions in the right column. Refer to the **Points de départ** in **Leçon B**.

1. Vieux Lyon
2. Guignol
3. Mancala
4. Paul Bocuse
5. Fête des Lumières

A. un grand chef de cuisine française
B. un festival
C. un nom de quartier
D. une marionnette
E. un jeu traditionnel

Nom et prénom: _____ Classe: _____ Date: _____

Structure

24 You are having technical difficulties with your favorite social networking website. In the message you are about to send your friend Malika, all adverbs of value have been replaced with the corresponding mathematical sign. Replace the signs with the correct adverb before sending your message.

Salut Malika,

J'aime (1) ++ écouter de la musique et j'aime (2) +++ faire du sport. Aussi, j'aime (3) + manger des pâtes, mais j'aime (4) ++ envoyer des textos à mes amis. Quand il fait beau, j'aime (5) + faire la cuisine. Mon camarade de classe aime (6) +++ surfer sur Internet pendant la classe d'anglais. Aïe, aïe aïe! Moi, j'aime (7) ++ écrire. Et toi, tu aimes (8) + écrire?

Biz
Rose

1. _____   5. _____
2. _____   6. _____
3. _____   7. _____
4. _____   8. _____

25 Create logical sentences by placing the elements in the correct order.

1. beaucoup / de la musique / Nous / écouter / aimons / .

2. écrire / aimes / Tu / un peu / ?

3. des textos / Oui, / bien / envoyer / à mes amis / j'aime / .

4. et / Khaled / aiment / surfer sur Internet / Rahina / un peu / .

5. le dimanche / faire la cuisine / beaucoup / aimez / Vous / ?

6. envoyer / Sébastien / un texto / bien / à Myriam / aime / .

Nom et prénom: _____ Classe: _____ Date: _____

26. Your classmate is running for class president. You decide to support him or her by writing a short article for the school website. In your article, include your classmate's name, nationality, two things he or she likes a little, one thing he or she likes, three things he or she likes a lot, and one thing he or she does not like at all. Write your article in French.

Nom et prénom: _____ Classe: _____ Date: _____

Leçon C
Vocabulaire

27 Write the corresponding digit next to each spelled-out number below.

1. zéro _____
2. quatorze _____
3. seize _____
4. huit _____
5. dix-huit _____
6. dix _____
7. neuf _____
8. douze _____
9. deux _____
10. dix-neuf _____

28 Write out the following phone numbers in letters.

1. 01.18.04.17.16

   _____
   _____

2. 02.19.20.11.10

   _____
   _____

3. 06.03.01.02.15

   _____
   _____

4. 09.15.14.08.07

   _____
   _____

5. 02.12.13.18.05

   _____
   _____

Nom et prénom: _____ Classe: _____ Date: _____

29 Answer the following questions. Use complete sentences.

1. Tu préfères le foot ou le basketball?
   _____

2. Tu préfères le roller ou le shopping?
   _____

3. Tu préfères le cinéma ou le footing?
   _____

4. Tu préfères le rock ou le hip-hop?
   _____

5. Tu préfères la world ou la musique alternative?
   _____

6. Tu préfères le shopping ou le cinéma?
   _____

7. Tu préfères le foot ou le footing?
   _____

8. Tu préfères la musique ou le cinéma?
   _____

Nom et prénom: _____ Classe: _____ Date: _____

30 Answer the following questions.

1. Tu aimes bien faire la cuisine?
   _____

2. Tes (*your*) amis et toi, vous aimez le cinéma, ou vous préférez surfer sur Internet?
   _____

3. Ton ou ta camarade de classe, il ou elle préfère envoyer des textos ou étudier?
   _____

4. Qu'est-ce que tu aimes bien faire?
   _____

5. Qu'est-ce que tes amis et toi, vous n'aimez pas faire?
   _____

6. Tes amis préfèrent écouter de la musique ou lire un livre?
   _____

Culture

31 Read the text about **la fête de la musique** in the **Points de départ** in **Leçon C**, and use it to find the information below.

1. Date of creation of **la fête de la musique**: _____

2. Time of the year when the **fête** takes place: _____

3. Another phrase that sounds like "**fête de la musique**": _____

4. Theme of the **fête de la musique** this year: _____

5. Number of countries celebrating this event: _____

6. Number of musicians present at this festival in France: _____

Nom et prénom: _____ Classe: _____ Date: _____

32 Research online and provide information about the Francophone artists below. You may want to include information such as important dates, names, and places relevant to each artist or group.

1. David Guetta
   _____

2. Phoénix
   _____

3. Air
   _____

4. Yael Naim
   _____

5. Amadou et Mariam
   _____

6. Justice
   _____

7. Gojira
   _____

8. M83
   _____

9. Manu Chao
   _____

Nom et prénom: _____ Classe: _____ Date: _____

Structure

33 Fill in the missing article before each noun. When using **l'**, indicate the gender by writing (**le**) or (**la**) afterwards.

1. _____ hip hop
2. _____ cinéma
3. _____ musique
4. _____ ami
5. _____ télé
6. _____ ordinateur
7. _____ salade
8. _____ rock
9. _____ world
10. _____ shopping

34 Fill in the blanks using the correct form of the verb **préférer**.

MODÈLE   Jeanne **préfère** nager.

1. Nous _____ jouer au foot.
2. Tu _____ faire du footing?
3. Amina _____ manger des frites.
4. M. et Mme Lazzize, ils _____ aller au cinéma.
5. Moi, je _____ aller au parc.
6. Sophie et Malika, elles _____ écouter la musique alternative.
7. On _____ parler français.
8. Vous _____ manger à la maison?

Nom et prénom: _____ Classe: _____ Date: _____

35 Say what the following people prefer, based on the illustrations.

1. Maylis
2. Brent et toi, vous 
3. M. et Mme Moen 
4. toi, tu 
5. ma famille et moi, nous 
6. Max 
7. Bruno et Jade 

1. _____
2. _____
3. _____
4. _____
5. _____
6. _____
7. _____

Nom et prénom: _____ Classe: _____ Date: _____

36 You have been asked out on a date for a school dance. Before you accept, write a list of eight questions to ask your potential date about what he or she likes, dislikes, and prefers, to see if you have anything in common. Use the verb **préférer** at least five times.

1. _____
2. _____
3. _____
4. _____
5. _____
6. _____
7. _____
8. _____

37 Write the following sentences in the negative form using **ne... pas**.

   MODÈLE   Nous jouons au basket.
            Nous ne jouons pas au basket.

1. Olivier aime faire la cuisine.
   _____

2. Sarah mange avec Bertrand.
   _____

3. Nous aimons plonger.
   _____

4. Moussa joue au hockey.
   _____

5. Saniyya et Raphaël aiment surfer sur Internet.
   _____

6. Tu joues au foot mardi.
   _____

Nom et prénom: _____ Classe: _____ Date: _____

38 You and a classmate are writing a play for your theater class. Your classmate has given you a summary of the one she wants to write, but you have totally different ideas. Negate every idea below and make a new suggestion.

MODÈLES   Elle s'appelle Charlotte.
Elle ne s'appelle pas Charlotte. Elle s'appelle Nicole.

Elle préfère le hockey sur glace.
Elle ne préfère pas le hockey sur glace. Elle préfère la musique alternative.

> (1) Elle s'appelle Rahina et (2) il s'appelle Jean-Paul. (3) Ils sont américains. (4) Rahina aime un peu le rock et (5) Jean-Paul aime beaucoup le ski. (6) Ils préfèrent faire du shopping le dimanche. (7) Rahina aime envoyer des textos. (8) Elle veut écouter un CD. (9) Jean-Paul préfère aller au cinéma. (10) Jean-Paul aime un peu Rahina.

1. _____
2. _____
3. _____
4. _____
5. _____
6. _____
7. _____
8. _____
9. _____
10. _____

Nom et prénom: _____ Classe: _____ Date: _____

39 Write a paragraph about yourself: Who are you? What do you like and dislike? Write a minimum of eight sentences. Below are some topics you may want to include.

- your favorite music
- something you love to do
- something you hate to do
- your two favorite sports
- something you do a little
- something you do a lot
- something you and your best friend like to do
- a sport you play on a certain day of the week
- what you do when it is nice outside
- what you do when it is not nice outside

_____
_____
_____
_____
_____
_____
_____
_____
_____
_____
_____
_____
_____
_____

Nom et prénom: _____ Classe: _____ Date: _____

Unité 3: À l'école

Leçon A
Vocabulaire

1 Read each statement about the illustration below. Circle **VRAI** if the statement is true and **FAUX** if it is false.

1. Le tableau est devant le bureau. VRAI FAUX

2. L'ordinateur portable est sur le bureau. VRAI FAUX

3. Les deux tables sont derrière le bureau. VRAI FAUX

4. Le sac à dos est sous la chaise. VRAI FAUX

5. Le DVD est dans le sac à dos. VRAI FAUX

6. Le livre de français est avec le cahier. VRAI FAUX

7. Les stylos, les crayons, et le taille-crayon sont dans la trousse. VRAI FAUX

8. Le dictionnaire français-anglais est avec trois feuilles de papier. VRAI FAUX

Nom et prénom: _____ Classe: _____ Date: _____

2 Write the name of each of the objects below in the correct category in the chart.

1. fournitures scolaires (*school supplies*)	2. matériel audiovisuel (*audiovisual equipment*)	3. mobilier de la classe (*classroom furniture*)

3 Describe five objects on your desk using **sur**, **sous**, **devant**, **derrière**, **dans**, and **avec**.

_____
_____
_____
_____
_____

© EMC Publishing, LLC   *T'es Branché?*, Workbook   Unité 3, Leçon A   **41**

Nom et prénom: _____ Classe: _____ Date: _____

4 Complete the sentences below with a logical vocabulary word based on meaning.

1. J'ai trois stylos dans ma _____.

2. Le prof de français a un grand _____.

3. Il y a un ordinateur sur _____.

4. J'ai besoin d'_____ pour mon crayon.

5. Le cédérom est dans _____.

6. J'aime écouter de la musique avec _____.

7. _____ coûte 501,40€.

5 Write a short e-mail to your friend describing what there is in your French classroom. Mention at least six objects.

De:
À:
Objet:

Bonjour, _____

Ton ami(e), _____

Nom et prénom: _____ Classe: _____ Date: _____

6 Spell out each of the numbers below.

1. 21 _____
2. 35 _____
3. 92 _____
4. 67 _____
5. 56 _____
6. 76 _____
7. 38 _____
8. 81 _____
9. 44 _____

7 Write the corresponding digits for each of the spelled-out numbers below.

1. soixante-dix-huit _____
2. trente-neuf _____
3. quatre-vingt-trois _____
4. quarante et un _____
5. quatre-vingt-dix-neuf _____
6. soixante-deux _____
7. cinquante-huit _____
8. quarante-six _____
9. soixante-douze _____

8 Spell out the answers to the mathematical problems below in letters.

1. 78 − 31 = _____
2. 49 + 12 = _____
3. 6 × 13 = _____
4. 5 × 8 = _____
5. 83 − 12 = _____
6. 99 − 1 = _____
7. 8 × 8 = _____
8. 80 + 10 = _____
9. 90 + 10 = _____

Nom et prénom: _____ Classe: _____ Date: _____

9 Use the information provided to write a complete sentence telling the price of each item. Follow the **modèle**.

> **MODÈLE**   le DVD (*vingt-sept*)
> **Le DVD, il coûte 27 euros.**

1. la stéréo (*quatre-vingt-huit*)

   _____

2. la pendule (*cinquante-quatre*)

   _____

3. l'ordinateur portable (*soixante-dix-huit*)

   _____

4. le bureau du prof (*quatre-vingt-dix-neuf*)

   _____

5. la fenêtre (*soixante et un*)

   _____

6. quatre DVD (*quarante-cinq*)

   _____

7. deux dictionnaires (*cinquante-deux*)

   _____

Culture

10 According to the description of **Carrefour** in the **Points de départ** in **Leçon A**, say whether or not one might purchase the following articles or use the following services there by writing **oui** or **non** next to the item.

1. un cahier _____
2. un prof _____
3. une fenêtre _____
4. une banque _____
5. une école _____
6. un sac à dos _____
7. un lecteur MP3 _____
8. un restaurant _____

Nom et prénom: _____ Classe: _____ Date: _____

11 Answer the following questions in English. Refer to the **Points de départ** in **Leçon A**.

1. What do French students do when they cannot afford to buy their school supplies?

   _____
   _____

2. Do French students have to purchase their high school textbooks?

   _____
   _____

3. When did the euro enter circulation in France?

   _____
   _____

4. Which euro coins or bills, and how many of each, could you use to pay for a stereo that costs 42,80€?

   _____
   _____

5. How are euro coins different from euro bills?

   _____
   _____

6. What kind of new services are now offered by businesses in France?

   _____
   _____

7. Name two types of online services offered by French schools.

   _____
   _____

Nom et prénom: _____ Classe: _____ Date: _____

12 Go online and, using the keyword **Pôle Emploi**, explain three different types of services this agency offers.

1. _____
2. _____
3. _____
4. _____
5. _____
6. _____

Structure

13 Complete the following sentences by filling in the correct indefinite article.

1. J'ai besoin d'_____ sac à dos.

2. Il y a _____ trousse sur la table.

3. J'achète _____ dictionnaire à Carrefour.

4. Il y a _____ pendule et _____ carte dans la salle de classe.

5. Le stylo est sur _____ feuille de papier.

6. J'aime écouter de la musique avec _____ stéréo.

7. Sur la table, il y a _____ ordinateur et _____ taille-crayon.

Nom et prénom: _____ Classe: _____ Date: _____

14 For each item below, change the definite article to an indefinite article.

MODÈLE   le stylo
         un stylo

1. l'affiche _____
2. le sac à dos _____
3. la stéréo _____
4. la pendule _____
5. le lecteur de DVD _____
6. la carte _____
7. la table _____
8. la fenêtre _____

15 Complete the following sentences by filling in the correct article. Use the definite article with **aimer** and **préférer**, and the indefinite article with **c'est** and **il y a**.

MODÈLES   J'aime **le** taille-crayon.
          C'est **une** trousse.

1. C'est _____ ordinateur portable.
2. Tu aimes _____ sac à dos?
3. C'est _____ chaise.
4. Il n'aime pas _____ affiche du film.
5. C'est _____ dictionnaire de français.
6. Nous préférons _____ DVD.
7. Oui, il y a _____ stéréo derrière le bureau.
8. Il y a _____ tableau dans la salle de classe?

Nom et prénom: _____ Classe: _____ Date: _____

16 Write the plural of each of the following nouns. Keep the definite articles definite, and the indefinite articles indefinite.

    MODÈLE   une fenêtre
                    des fenêtres

1. un stylo _____

2. le livre de classe _____

3. l'affiche de cinéma _____

4. un crayon _____

5. un DVD _____

6. le cahier de français _____

7. une feuille de papier _____

17 Rewrite the following sentences using the plural articles instead of the singular. Don't forget to make the nouns plural as well.

    MODÈLE   Patrick a une trousse.
                    Patrick a des trousses.

1. Il y a une pendule dans la classe de français.

   _____

2. La salle de classe a une porte.

   _____

3. J'aime le sac à dos de Raoul.

   _____

4. Le prof de gym a un lecteur MP3.

   _____

5. Je préfère l'affiche dans la classe de français.

   _____

6. Il y a une fenêtre dans la classe d'anglais.

   _____

Nom et prénom: _____ Classe: _____ Date: _____

18 Complete the answers to the following questions using the correct form of **avoir**.

1. M. Robert a besoin d'une table?

   Oui, il _____

2. Tu as besoin d'un DVD?

   Oui, j' _____

3. Vous avez un dictionnaire de français?

   Oui, nous _____

4. Les élèves ont des cahiers?

   Oui, ils _____

5. Nous avons des livres dans la classe?

   Oui, vous _____

6. Tu as des CD de musique française?

   Oui, j' _____

7. Les profs ont un ordinateur?

   Oui, ils _____

8. Mathieu a des CD de musique française?

   Oui, il _____

Nom et prénom: _____ Classe: _____ Date: _____

19 Write complete sentences using the verb **avoir**.

> **MODÈLE** Amina et Gaëlle/un sac à dos
> **Amina et Gaëlle ont un sac à dos.**

1. Pedro/une affiche de film

   _____

2. Vous/des DVD

   _____

3. Je/un taille-crayon

   _____

4. Maxime et Rachid/des livres scolaires

   _____

5. Nous/une feuille de papier

   _____

6. Tu/trois crayons

   _____

7. On/un lecteur de DVD

   _____

8. Les élèves/des lecteurs MP3

   _____

Nom et prénom: _____ Classe: _____ Date: _____

20 Say what the following people need, using **avoir besoin de**.

MODÈLE Lilou Lilou a besoin d'un stylo.

1. Farid
2. je 
3. Pook et Dawson 
4. le prof 
5. Isabelle et Géraldine 

1. _____
2. _____
3. _____
4. _____
5. _____

Nom et prénom: _____ Classe: _____ Date: _____

21 Write six sentences describing what people in your class have and what they need. Use the verb **avoir** and the expression **avoir besoin de**. You must use at least four different pronouns.

_____
_____
_____
_____
_____
_____
_____
_____
_____
_____
_____
_____
_____
_____
_____
_____
_____
_____

Leçon B
Vocabulaire

22 Draw lines to connect the disciplines in the left column with the corresponding items in the right column.

1. la biologie   A. "mi amigo"
2. l'anglais   B. Pierre-Auguste Renoir
3. les arts plastiques   C. C.S. Lewis
4. les mathématiques   D. Michael Jackson
5. l'histoire   E. $ax^2 + bx + c = 0$
6. l'espagnol   F. "je ne sais quoi"
7. le français   G. "Guten Tag"
8. l'informatique   H. Bill Gates
9. la chimie   I. les plantes
10. la musique   J. 1939–1945
11. l'allemand   K. H_2O

Nom et prénom: _____ Classe: _____ Date: _____

23 Write the name of the discipline, based on each of the following descriptions.

    MODÈLE   Nous écoutons la world.
                    la musique

1. Le prof a une carte et des photos de Paris. _____
2. Dans mon sac à dos, j'ai un livre de Shakespeare. _____
3. Mon livre s'appelle ¡Qué Chévere! _____
4. Vingt-huit + trente = cinquante-huit _____
5. Dans la classe, il y a une carte et des photos de Berlin. _____
6. Nous aimons Picasso et Rodin. _____
7. Il y a des ordinateurs sur les tables. _____
8. Je ne skie pas, mais je joue au basket. _____
9. On étudie Abraham Lincoln. _____

24 Match the times with the sentences.

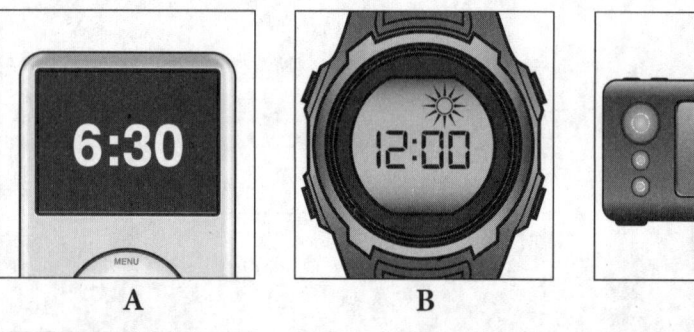

A. 6:30
B. 12:00
C. 10:30
D. 5:15
E. 12:00
F. 1:45

_____ 1. Il est minuit.   _____ 4. Il est deux heures moins le quart.

_____ 2. Il est cinq heures et quart.   _____ 5. Il est midi.

_____ 3. Il est six heures et demie.   _____ 6. Il est dix heures et demie.

Nom et prénom: _____ Classe: _____ Date: _____

25 Write a complete sentence to say what time it is.

MODÈLE 12:00 **Il est minuit.**

1. _____

2. _____

3. _____

4. _____

5. _____

6. _____

Nom et prénom: _____ Classe: _____ Date: _____

26 Transform the following A.M. times into P.M. times using **l'heure officielle**.

MODÈLE   4h25
              16h25

1. 2h30 _____
2. 5h00 _____
3. 8h15 _____
4. 2h10 _____
5. 1h45 _____
6. 3h20 _____
7. 12h00 _____
8. 11h35 _____

27 Complete the following sentences with the correct adjective below.

    difficile   intéressant   facile   drôle   intelligent   énergique

1. Pour moi, la biologie est _____; j'aime ça!

2. Ha ha ha, ton copain est très _____.

3. Albert Einstein est un homme _____.

4. J'aime le sport, je suis très _____.

5. Bien, c'est _____!

6. Ahmed n'aime pas l'histoire, pour lui c'est _____.

Nom et prénom: _____ Classe: _____ Date: _____

28 Answer the following questions in French. Write complete sentences.

1. Comment est ton cours de français?
   _____

2. Tu étudies l'allemand dans la classe de français?
   _____

3. Tu as combien de cours de sciences?
   _____

4. Tu as cours de musique à quelle heure?
   _____

5. Tu vas à l'école le samedi à onze heures?
   _____

6. Tu manges à quelle heure?
   _____

Culture

29 In your opinion, what are three differences and three similarities between French schools and American schools? Refer to the **Points de départ** in **Leçon B**.

Similarities

1. _____
2. _____
3. _____

Differences

1. _____
2. _____
3. _____

Nom et prénom: _____ Classe: _____ Date: _____

30 Find the English definition for each of the following Polynesian words. Refer to the **Points de départ** in **Leçon B**.

1. une pirogue _____

2. un tatouage _____

3. un ahima'a _____

31 Go online and research the individuals for whom the following schools in France or French Polynesia are named.

1. Marie Curie: _____

2. Schœlcher: _____

3. Gauguin: _____

4. Henri IV: _____

Structure

32 Spell out each of the following times.

MODÈLE   14h15
         Il est quatorze heures quinze/et quart.

1. 7h00 _____

2. 9h25 _____

3. 10h35 _____

4. 7h30 _____

5. 00h15 _____

6. 1h00 _____

58   Unité 3, Leçon B   *T'es Branché?*, Workbook   © EMC Publishing, LLC

Nom et prénom: _____ Classe: _____ Date: _____

33 Write a complete sentence to answer each of the questions below. You may use the official or unofficial time, as appropriate. Spell out the suggested times in letters.

> **MODÈLE**   On a chimie à quelle heure? (*11h30*)
> **On a chimie à onze heures et demie/trente.**

1. Tu as cours à quelle heure? (*8h15*)
   _____

2. Nous avons EPS à quelle heure? (*18h30*)
   _____

3. On a biologie à quelle heure? (*14h00*)
   _____

4. On va au café à quelle heure? (*20h15*)
   _____

5. On va à la teuf à quelle heure? (*10h15*)
   _____

6. Rachid écoute de la musique au concert à quelle heure? (*24h00*)
   _____

7. Maman regarde la télévision à la maison à quelle heure? (*11h00*)
   _____

8. On va au centre commercial à quelle heure? (*13h00*)
   _____

Nom et prénom: _____ Classe: _____ Date: _____

34 Complete each sentence with the correct form of the verb **être**.

1. Nous _____ américains.

2. Ella _____ étudiante.

3. L'école Schœlcher _____ intéressante.

4. Vous _____ anglais, n'est-ce pas?

5. Les élèves de Mme Moen, ils _____ énergiques.

6. Les filles, elles _____ strictes.

7. Tu _____ française?

8. Je _____ algérien.

35 Write the adjectives below next to the nouns they agree with. There may be more than one adjective that agrees with each noun. Write all that apply gramatically and logically.

    intelligent   drôle   intéressantes   énergiques

    drôles   difficiles   intéressante   intelligente

1. les garçons _____

2. Mme Bérard _____

3. Abdel _____

4. les sciences physiques _____

5. toi _____

6. les filles _____

7. la biologie _____

8. le proviseur de l'école _____

Nom et prénom: _____ Classe: _____ Date: _____

36 Based on the gender and number of each subject below, write the correct forms of the adjectives in parentheses.

1. Khaled (*algérien, drôle, intelligent*)
   _____

2. Nathalie (*énergique, français, intéressant*)
   _____

3. Les matières de l'école (*facile, anglais, français*)
   _____

4. Le prof d'anglais (*enchanté, strict, intelligent*)
   _____

5. Les copains de Jacques (*algérien, drôle, énergique*)
   _____

6. Des pendules (*drôle, américain, intéressant*)
   _____

Nom et prénom: _____ Classe: _____ Date: _____

37 Answer the following questions, using the adjective in parentheses. Remember to make the gender of the adjective agree with the gender of the noun.

> **MODÈLE** Le professeur de maths, il est comment? (*intéressant*)
> **Il est intéressant.**

1. Le prof de biologie, il est comment? (*drôle*)

   _____

2. La prof d'arts plastiques, elle est comment? (*intelligent*)

   _____

3. La prof d'histoire, elle est comment? (*strict*)

   _____

4. Ta copine, elle est comment? (*intéressant*)

   _____

5. Ta prof de chimie, elle est comment? (*top*)

   _____

6. Ton copain, il est comment? (*génial*)

   _____

7. Ton prof d'allemand, il est comment? (*énergique*)

   _____

38 Write a sentence to describe the following people. Use at least two adjectives in each sentence.

1. ton prof de physique

   _____

2. Will Smith

   _____

3. le président (la présidente) des États-Unis

   _____

4. Jennifer Lopez

   _____

Nom et prénom: _____ Classe: _____ Date: _____

39 Complete Yasmine's profile on her favorite social networking site. Then create your own.

Nom	Yasmine
Âge	J'ai 16 _____.
Tout sur moi	Je suis (*génial, strict, sérieux*) _____.
Nationalité	Je suis (*français*) _____ et (*algérien*) _____.
Musique préférée	J'aime bien la musique (*canadien*) _____ et les films (*américain*) _____.
Cours préféré	J'aime les arts plastiques, mais les sciences physiques sont (*intéressant*) _____.

Nom	
Âge	
Tout sur moi	
Nationalité	
Musique préférée	
Cours préféré	

Nom et prénom: _____ Classe: _____ Date: _____

Leçon C
Vocabulaire

40 Match each of the following places with the corresponding activity.

1. la médiathèque
2. le magasin
3. le stade
4. la salle d'informatique
5. la teuf
6. la piscine
7. la cantine
8. chez moi

A. manger
B. lire
C. acheter des cahiers, etc.
D. faire du sport
E. nager
F. regarder la télé
G. sortir
H. étudier sur l'ordinateur

41 Read the names of the places below. Then, write the name of the place in the **loisirs** column (if it pertains to hobbies) or the **école** column (if it pertains to school).

le magasin   la piscine   le labo de physique   la ville
la médiathèque   le parc   le bureau du proviseur   la salle d'informatique
le café   le centre commercial   le cinéma   la cantine

loisirs	école

Nom et prénom: _____ Classe: _____ Date: _____

42 Complete the following sentences with the correct preposition. Use **au**, **à la**, **à l'**, **aux**, **en**, or **chez**.

1. Je vais _____ piscine.
2. Je vais _____ labo.
3. Je vais _____ médiathèque.
4. Je vais _____ stade.
5. Je vais _____ cantine.
6. Je vais _____ ville.
7. Je vais _____ moi.
8. Je vais _____ centre commercial.

43 Say what the following people are doing and where they are doing it, according to the illustrations.

MODÈLE   **Ils mangent une pizza au restaurant.**

1. _____
2. _____
3. _____
4. _____
5. _____
6. _____
7. _____

© EMC Publishing, LLC   *T'es Branché?*, Workbook   Unité 3, Leçon C   **65**

Nom et prénom: _____ Classe: _____ Date: _____

44 Write a question for each of the following answers using **quand**, **où**, or **pourquoi**, and the construction with **est-ce que**. Follow the **modèle**.

   MODÈLE   On va au café.
                Où est-ce qu'on va?

1. Delphine étudie à la médiathèque à onze heures.
   _____

2. J'aime beaucoup l'histoire parce que le prof est drôle.
   _____

3. On va à la cantine parce qu'on a faim.
   _____

4. Toi et John, vous avez arts plastiques à midi?
   _____

5. Les profs sont à la cantine.
   _____

6. Nous sommes à la salle d'informatique parce que nous avons des devoirs.
   _____

7. Mon père et ma mère désirent aller au cinéma à vingt heures trente.
   _____

8. Ma camarade de classe adore nager à la piscine.
   _____

Nom et prénom: _____ Classe: _____ Date: _____

45 Write a question for each of the following answers using **quand**, **où**, or **pourquoi**, and the construction with **est-ce que**.

1. Après le déjeuner, j'étudie à la salle informatique.
   _____

2. On va au ciné à 18h00.
   _____

3. Je ne peux pas aller à la piscine parce que je dois aller chez ma mère.
   _____

4. J'ai cours d'anglais après le cours de physique.
   _____

5. Je veux sortir avec mes amis après le dîner.
   _____

6. Je ne veux pas téléphoner parce que je préfère surfer sur Internet.
   _____

7. Je préfère faire du sport au stade du lycée.
   _____

8. Je vais à la piscine vers midi.
   _____

Nom et prénom: _____ Classe: _____ Date: _____

46 Answer the following questions in French.

1. Qu'est-ce que tu voudrais faire samedi?
   _____

2. À quelle heure est-ce que tu vas au cinéma avec tes amis?
   _____

3. Tu fais tes devoirs à la médiathèque ou chez toi?
   _____

4. Qu'est-ce que tu achètes en ville?
   _____

5. Tu manges à la cantine à l'école?
   _____

6. Où est-ce que tu préfères manger?
   _____

7. Où est-ce que tu fais du sport?
   _____

Culture

47 In English, describe the following items on a French cafeteria menu. Refer to the **Points de départ** in **Leçon C**.

1. une coquille de thon _____

2. un sénior de colin _____

3. un hachis de bœuf _____

4. une macédoine _____

5. un liégeois à la vanille _____

Nom et prénom: _____ Classe: _____ Date: _____

48 Find four similarities and four differences between French and American school lunches. Refer to the **Points de départ** in **Leçon C**. You may also conduct additional research.

Similarities

1. _____
   _____

2. _____
   _____

3. _____
   _____

4. _____
   _____

Differences

1. _____
   _____

2. _____
   _____

3. _____
   _____

4. _____
   _____

Nom et prénom: _____ Classe: _____ Date: _____

49 Do research about education in Mali.

1. Prepare a profile of Mali.

   Geographical situation: _____

   Number of inhabitants: _____

   Capital city: _____

   Main languages: _____

   Ethnicities: _____
   _____

   Religions: _____

   Government: _____

   Principal resources: _____

   Cultural particularities: _____
   _____

2. Answer these questions about Mali. Refer to the **Points de départ** in **Leçon C**.

   Is education an important in Mali? _____

   What do the following percentages represent?

   49%: _____

   13%: _____

   What types of schools exist in Mali? _____

70 Unité 3, Leçon C T'es Branché?, Workbook © EMC Publishing, LLC

Nom et prénom: _____ Classe: _____ Date: _____

Structure

50 Complete the following sentences using the correct form of the verb **aller**.

1. Tu _____ bien?

2. Comment _____-vous, monsieur Grincheux?

3. Je _____ à la maison.

4. Aline _____ au cinéma.

5. Nous _____ en ville dimanche.

6. Les élèves _____ comme-ci, comme-ça.

51 Say where the following people go to do the activities mentioned.

   MODÈLE   Awa et Pascale mangent.
   Elles vont au restaurant.

1. Albert nage.

   _____

2. Nous achetons des cahiers.

   _____

3. Tu regardes un film d'horreur.

   _____

4. Les garçons jouent au foot.

   _____

5. Je bois un café.

   _____

6. Le prof de français mange une blanquette de poisson.

   _____

7. Vous faites du roller.

   _____

8. On étudie en classe de maths.

Nom et prénom: _____ Classe: _____ Date: _____

52 Based on the illustrations below, say where people go and at what time.

MODÈLE

Ils vont au parc à onze heures et demie.

11h30

1. 13h25
2. 9h15 
3. 12h30 
4. 18h45 
5. 23h00 
6. 12h00 

1. _____
2. _____
3. _____
4. _____
5. _____
6. _____

72 Unité 3, Leçon C *T'es Branché?*, Workbook © EMC Publishing, LLC

Nom et prénom: _____ Classe: _____ Date: _____

53 Fill in the blanks with the correct prepositions. Use **à la**, **au**, or **aux**.

1. Vous allez _____ salle d'informatique?

2. Non, on va _____ parc.

3. Tu vas _____ labo?

4. Non, je vais _____ piscine.

5. Elles vont _____ centre commercial?

6. Non, elles vont _____ médiathèque.

7. Il va _____ Jeux Olympiques?

8. Non, il va jouer _____ jeux vidéo.

54 Detective Poireau needs to solve the case of who stole the class chemistry experiment last Monday at 3:00 P.M. He would like to question some suspects, but everyone seems to be busy. For each of the suspects below, create a sentence using the verb **aller** to explain where they are located so Detective Poireau can find them.

MODÈLE   Marc, **il va au cinéma avec moi.**

1. April, _____

2. Nick, _____

3. Mes amis et moi, _____

4. Tes amis et toi, _____

5. La prof de biologie, _____

6. Stephen, _____

7. Takeita, _____

8. Toi, _____

9. Moi, _____

Nom et prénom: _____ Classe: _____ Date: _____

55 Rewrite each sentence below to include the place where the action takes place.

MODÈLE Tu manges.
Tu manges à la cantine.

1. Je fais mes devoirs.
_____

2. Mes amis jouent au volley-ball.
_____

3. Ma mère aime faire du shopping.
_____

4. Nous allons voir un film.
_____

5. Mon père regarde la télévision.
_____

6. Je téléphone à Rachid.
_____

7. Tu écoutes de la musique.
_____

8. Vous travaillez sur l'ordinateur.
_____

Nom et prénom: _____ Classe: _____ Date: _____

56 Félix is looking for his friends. He calls them all on his cell phone to ask where they are. Complete the speech bubbles in the illustrations.

MODÈLE

Oui? Je suis à la médiathèque.

Allô, t'es où?

1.

2.

3.

4.

5.

6.

© EMC Publishing, LLC *T'es Branché?*, Workbook Unité 3, Leçon C **75**

Nom et prénom: _____ Classe: _____ Date: _____

57 Write an e-mail to your friend Sofia in Switzerland explaining your daily or weekly routine. Tell her where you go on a school day and where you go on weekends. Also include the time at which you have certain classes and do certain things. Write a minimum of seven sentences.

De:
À:
Objet:

Nom et prénom: _____ Classe: _____ Date: _____

58 Based on the answers to the questions below, fill in the missing interrogative words.

1. - _____ tu aimes faire du roller?

   - Oui, j'adore ça!

2. - _____ nous allons manger?

   - Au restaurant américain.

3. - _____ Matthieu va à la médiathèque?

   - Pour étudier.

4. - _____ vous allez au cinéma?

   - Avec mes copains du lycée.

5. - _____ tu as cours d'allemand?

   - Lundi et mercredi.

6. - _____ nous allons faire du shopping?

   - Samedi après-midi.

7. - _____ Mme Rimbaud n'achète pas le livre?

   - Il coûte 50€.

8. - _____ je fais mes devoirs?

   - Chez moi.

Nom et prénom: _____ Classe: _____ Date: _____

59 You arrive late to class and hear your classmates asking each other questions about Khaled, a new student. Based on the answers below, fill in the missing questions using **est-ce qu(e)**, **où est-ce qu(e)**, **quand est-ce qu(e)**, **avec qui est-ce qu(e)**, or **pourquoi est-ce qu(e)**.

1. _____

   Oui, Khaled est français.

2. _____

   Oui, il aime nager.

3. _____

   Il étudie au lycée Pasteur.

4. _____

   Il étudie avec Maxime et Pierre.

5. _____

   Il va au lycée de 8h00 à midi et de 14h00 à 17h00.

6. _____

   Non, le samedi il ne va pas au lycée, il reste chez lui.

7. _____

   Il mange au restaurant parce qu'il aime la cuisine algérienne.

8. _____

   Il reste à la maison pour aider sa mère.

Nom et prénom: _____ Classe: _____ Date: _____

60 You met someone whom you think could become a new friend, but first you need to get to know him or her better. Prepare eight questions to ask that person about his or her likes and dislikes, what school life is like, and with whom he or she hangs out. Use at least four different interrogative expressions.

1. _____
2. _____
3. _____
4. _____
5. _____
6. _____
7. _____
8. _____

61 Unfortunately, someone has told your best friend Eric that his girlfriend, Marie-Pierre, is seeing someone new. Eric is going on vacation for the week with his parents. In his absence, he asked you to keep an eye on Marie-Pierre's whereabouts to help him find out if the rumors are true and if he should consider ending the relationship. For each day of the week, write what Marie-Pierre does, where she goes, who she is with, and at what time.

MODÈLE   Lundi, **elle nage à la piscine avec son amie Jeanne à midi.**

1. Mardi, _____
2. Mercredi, _____
3. Jeudi, _____
4. Vendredi, _____
5. Samedi, _____
6. Dimanche, _____

Nom et prénom: _____ Classe: _____ Date: _____

Unité 4: Le weekend ensemble

Leçon A
Vocabulaire

1 Identify the following images, using vocabulary from **Leçon A**.

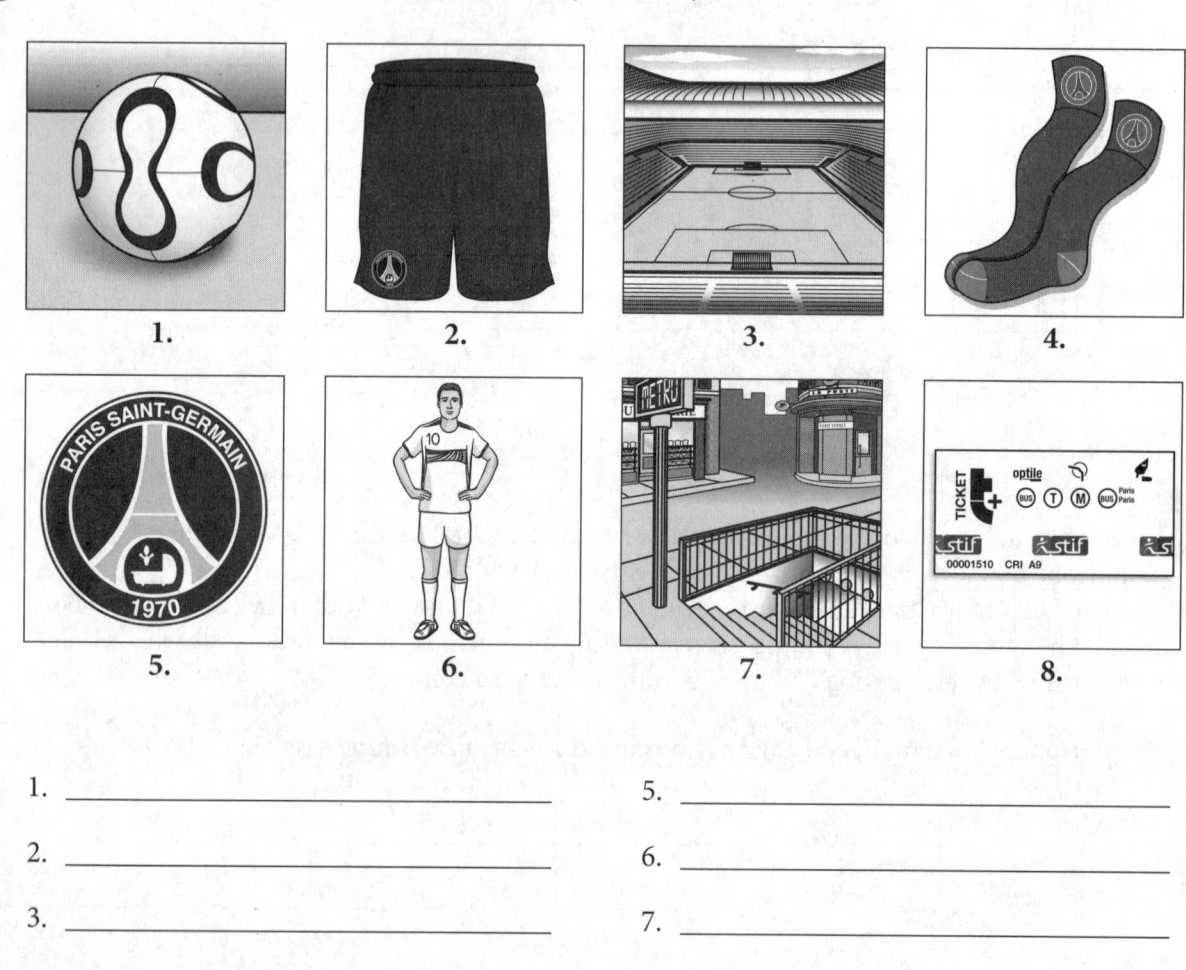

1.
2.
3.
4.
5.
6.
7.
8.

1. _____
2. _____
3. _____
4. _____

5. _____
6. _____
7. _____
8. _____

Nom et prénom: _____ Classe: _____ Date: _____

2 Write each of the following words next to its definition.

> un footballeur   un stade   un ballon   un maillot
> une équipe   un rendez-vous   un blason   une casquette

1. Il joue pour son équipe. _____
2. C'est là où on regarde le match. _____
3. On joue au football avec ça. _____
4. C'est un vêtement avec un numéro. _____
5. C'est un vêtement pour la tête. _____
6. Ce sont les joueurs de foot. _____
7. C'est une réunion avec des amis. _____
8. C'est l'emblème du club. _____

3 Complete each of the following sentences with the most logical missing word(s).

1. Samedi, nous allons voir un match de foot au _____.
2. Super, mon joueur préféré _____ un but et _____ le match!
3. _____ au stade à 5h00.
4. Mes amis sont les _____, ils achètent une casquette de foot pour moi.
5. Les ados ont besoin d'un _____ pour prendre le métro.
6. Mon cousin est _____ professionnel.
7. Oh non! Mon équipe préférée va _____ le match!
8. L' _____ de Marseille gagne le match!

Nom et prénom: _____ Classe: _____ Date: _____

4 Look at the illustrations below and say where the items are placed in relation to each other. Use two sentences for each image, if possible.

MODÈLE

Luc

Luc est devant la bouche du métro.
La bouche du métro est derrière Luc.

1.   2.   3.

4.   5.   6.   7.

1. _____
2. _____
3. _____
4. _____
5. _____
6. _____
7. _____

82   Unité 4, Leçon A   *T'es Branché?*, Workbook   © EMC Publishing, LLC

Nom et prénom: _____ Classe: _____ Date: _____

5 You are at a sports souvenir shop in France, looking for gifts for your family and friends in the United States. Based on their tastes, say what you get for whom.

1. Papa aime beaucoup les ballons de foot.
   _____

2. Maman n'aime pas le foot mais elle aime les écharpes de Paris.
   _____

3. Ton meilleur ami n'aime pas le PSG; il aime l'OM et il a besoin de chaussures.
   _____

4. Le prof de français aime beaucoup les maillots de Paris.
   _____

5. Dashaun n'aime pas le foot, il aime le basket.
   _____

6. Karla aime bien les affiches de foot.
   _____

7. Darren a besoin d'un blouson, il aime le PSG mais il préfère l'OL, l'équipe de Lyon.
   _____

Culture

6 Create a profile of soccer in France. Refer to the **Points de départ** in **Leçon A**.

1. Number of soccer clubs: _____

2. French cities associated with soccer: _____
   _____

3. Name of the national team: _____

4. Different types of soccer clubs: _____
   _____

5. Minimum age required to play in competition: _____

6. Most popular European sports media: _____

Nom et prénom: _____ Classe: _____ Date: _____

7 Describe what important soccer events are associated with the following dates. Refer to the **Points de départ** in **Leçon A**.

1880: _____

1984: _____

1998: _____

2000: _____

2006: _____

2016: _____

8 Find information about the four major French soccer teams. Mention one major player and one important detail about him or his team.

Olympique de Marseille (l'OM) _____
_____

AS Saint-Etienne (les Verts) _____
_____

Olympique Lyonnais (l'OL) _____
_____

Paris-Saint Germain (le PSG) _____
_____

Nom et prénom: _____ Classe: _____ Date: _____

9 Match the first names of these famous soccer players with the correct last names.

1. Michel   A. Zidane
2. Franck   B. Benzema
3. Antoine   C. Ribéry
4. Zinédine   D. Platini
5. N'Golo   E. Griezmann
6. Karim   F. Kanté

Structure

10 Say what the following people will be doing next week.

   MODÈLE   Nadal/jouer au foot/vendredi.
            Nadal va jouer au foot vendredi.

1. Les ados/aller au cinéma/samedi.
   _____

2. Ma copine/faire du shopping avec moi/lundi.
   _____

3. Mes amis et moi, nous/écouter de la musique/jeudi.
   _____

4. Kemajou et toi, vous/manger de la pizza/vendredi.
   _____

5. Sylvie/faire du roller/mercredi.
   _____

6. Je/aider ma mère/dimanche.
   _____

7. Tu/faire tes devoirs/mardi.
   _____

Nom et prénom: _____ Classe: _____ Date: _____

11 Answer the following questions in complete sentences (in French) about your plans for the weekend.

1. Tu vas regarder un match de foot à la télé?
   _____

2. Tes copains vont aller à l'école?
   _____

3. Tes parents et toi, vous allez faire du shopping?
   _____

4. Tu vas jouer au foot avec ton meilleur ami?
   _____

5. Tu vas jouer aux jeux vidéo ce weekend?
   _____

6. Le prof de français va faire tes devoirs?
   _____

7. Tu vas parler français avec un ami?
   _____

8. Tes copains et toi, vous allez écouter de la musique?
   _____

Nom et prénom: _____ Classe: _____ Date: _____

12 Answer the following questions. Follow the **modèle**.

> **MODÈLE** Qu'est-ce que tu vas faire aujourd'hui? (*nager à la piscine*)
> **Je vais nager à la piscine.**

1. Qu'est-ce que vous allez faire? (*manger*)
   _____

2. Qu'est-ce qu'elle va faire? (*téléphoner à Antoine*)
   _____

3. Qu'est-ce qu'ils vont faire? (*surfer sur Internet*)
   _____

4. Qu'est-ce que les filles vont faire dans la classe de gym? (*danser*)
   _____

5. Qu'est-ce que Thierry va faire? (*jouer avec l'équipe de foot*)
   _____

6. Qu'est-ce que tu vas faire mercredi à quatre heures et demie? (*sortir avec Amélie*)
   _____

7. Qu'est-ce que vous allez faire après la classe de français? (*aller au cinéma*)
   _____

8. Qu'est-ce que tu vas faire ce soir à dix heures? (*dormir*)
   _____

Nom et prénom: _____ Classe: _____ Date: _____

13 Negate the following sentences using **ne… pas**.

   MODÈLE   Mes amis vont regarder un match de foot à la télé.
   Mes amis <u>ne vont pas</u> regarder un match de foot à la télé.

1. Nous allons acheter une casquette.
   _____

2. Mes profs vont faire des devoirs ce weekend.
   _____

3. L'équipe du club de foot va gagner le match samedi.
   _____

4. Ma meilleure amie et moi, nous allons jouer avec le PSG.
   _____

5. Je vais faire un sandwich pour mon prof de maths.
   _____

6. Je vais porter un short avec le blason de l'équipe de foot de Marseille à l'école.
   _____

7. Je vais te présenter une fille sympa.
   _____

8. Tes amis et toi, vous allez regarder un film sur ton ordinateur à minuit.
   _____

Nom et prénom: _____ Classe: _____ Date: _____

14 Say that the following people will not do what is suggested, but will do something else. Follow the **modèle**.

   MODÈLE   Tu vas nager? (*surfer*)
   Non, je ne vais pas nager. Je vais surfer.

1. Vous allez sortir? (*dormir*)
   _____

2. Elles vont manger? (*étudier*)
   _____

3. Il va téléphoner? (*envoyer un texto*)
   _____

4. Tu vas danser? (*jouer au foot*)
   _____

5. Vous allez nager? (*plonger*)
   _____

6. Maman va faire une pizza? (*faire une quiche*)
   _____

7. Tes amis vont jouer au stade? (*faire du footing au parc*)
   _____

8. La meilleure élève de la classe va avoir 8/20? (*avoir 18/20*)
   _____

Nom et prénom: _____ Classe: _____ Date: _____

15 Change the following statements into questions using **n'est-ce pas**.

1. Vous aimez l'équipe du PSG.
   _____

2. Mes amis et moi, nous allons au match de basket ce weekend.
   _____

3. Caroline et Myriam n'écoutent pas la musique alternative.
   _____

4. Khaled aime bien sa copine.
   _____

5. Il pleut.
   _____

6. Karim et toi, vous achetez des chaussures de foot.
   _____

7. Ta copine Anaïs ne va pas au stade avec toi.
   _____

8. On mange une pizza ce soir.
   _____

Nom et prénom: _____ Classe: _____ Date: _____

16 Use inversion to turn the following statements into questions.

  MODÈLE Nous portons un blason de l'équipe sur notre blouson.
  Portons-nous un blason de l'équipe sur notre blouson?

1. Ils vont voir le match Marseille-OL.

2. Anne et Awa, elles se retrouvent devant la bouche du métro.

3. Tu gagnes le match!

4. Vous portez des chaussettes et des chaussures avec le blason de l'équipe.

5. Il fait mauvais aujourd'hui.

6. Le maillot coûte 25€.

7. Tu as besoin de jouer au basket avec nous.

8. Les profs de l'école, ils aiment l'équipe de l'OM.

9. Vous allez au concert samedi soir.

10. Lucas est passionnant.

11. Nous écoutons le professeur d'arts plastiques.

12. Ils regardent des DVD à la médiathèque.

Nom et prénom: _____ Classe: _____ Date: _____

17 For each of the following answers, ask an appropriate question using **comment**, **pourquoi**, **quand**, **à quelle heure**, **où**, or **que**. Use inversion.

MODÈLE   Je vais soutenir Marseille parce qu'ils sont les meilleurs.
Pourquoi vas-tu soutenir Marseille?

1. Elle va dans ce restaurant parce qu'elle a rendez-vous avec Michel.
   _____

2. La classe de gym va au stade.
   _____

3. Je vais porter une nouvelle écharpe à l'école jeudi.
   _____

4. Nous allons plonger à la piscine.
   _____

5. Les amis vont faire les devoirs à la médiathèque.
   _____

6. J'écoute le CD du groupe Air.
   _____

7. On va manger à la pizzeria.
   _____

8. Nous sommes à la maison parce qu'il ne fait pas beau.
   _____

Nom et prénom: _____ Classe: _____ Date: _____

Leçon B
Vocabulaire

18 Circle the word that does not fit with the others in each group.

1. eau minérale, croque-monsieur, Orangina

2. jus d'orange, coca, salade

3. glace, chocolat chaud, café au lait

4. Orangina, coca, café

5. croque-monsieur, steak, quiche, eau minérale

6. steak, jambon, pâté, fromage

7. crêpe au chocolat, glace, omelette

8. café, eau minérale, frites

19 Fill in the blanks in the conversations below with the most logical phrases.

1. - Bonjour mademoiselle, _____?

   - Je voudrais une quiche, s'il vous plaît.

2. - _____?

   - D'accord, 13€, monsieur.

3. - _____?

   - Un café, s'il vous plaît.

4. - Et comme dessert?

   - _____ une crêpe.

   - Moi, _____ une glace à la vanille.

5. - _____?

   - Un coca pour moi et une limonade pour ma copine, s'il vous plaît.

Nom et prénom: _____ Classe: _____ Date: _____

20 Fill in the empty menu below by putting the following vocabulary words in the correct categories.

jambon	steak-frites	salade	orange	crêpe
glace à la vanille	café	eau minérale	chocolat	pâté
coca	hamburger	sandwich au fromage	omelette au jambon	

Chez Léonard

Entrées
_____
_____
_____
_____

Desserts
_____
_____
_____
_____

Plats du jour
_____
_____
_____
_____

Boissons
_____
_____
_____
_____

Nom et prénom: _____ Classe: _____ Date: _____

21 Say whether the people are hungry or thirsty (or both), according to the illustrations.

1. M. Perrin  **2. nous**  **3. mes amis**

4. je  **5. Mlle Duval**  **6. M. et Mme Compas**  **7. Zoé**

1. _____
2. _____
3. _____
4. _____
5. _____
6. _____
7. _____

© EMC Publishing, LLC   *T'es Branché?*, Workbook   Unité 4, Leçon B   **95**

Nom et prénom: _____   Classe: _____   Date: _____

22 You are cooking for your family tonight, and you decide to be fancy and create a menu for them. Fill in the menu template below, making sure to include at least two different options in each category.

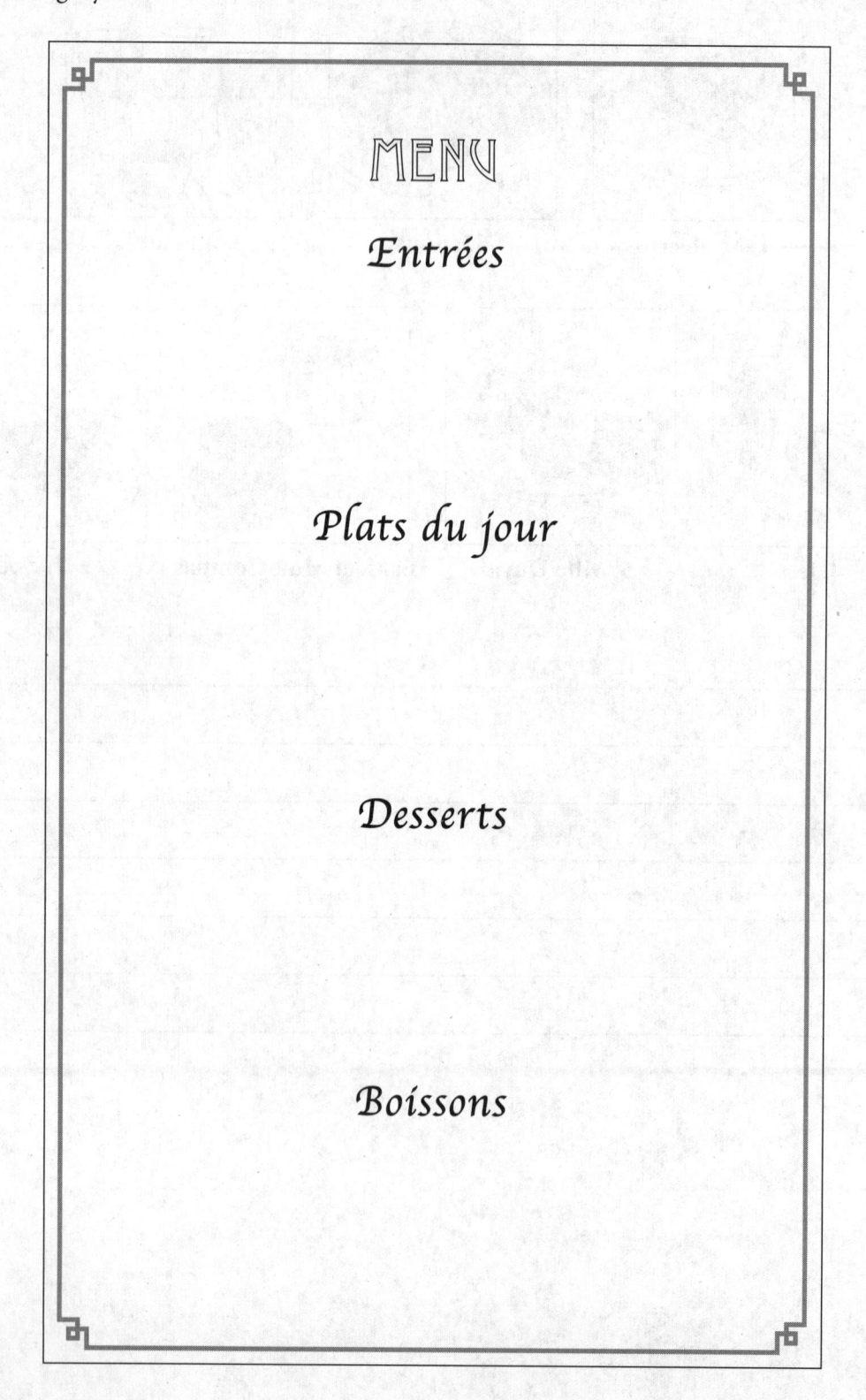

MENU

Entrées

Plats du jour

Desserts

Boissons

Nom et prénom: _____ Classe: _____ Date: _____

23 Say what the following people at the **Café français** might order, based on their situations. Follow the **modèle**.

   MODÈLE   M. Gaston ate too much for breakfast and is not very hungry.
            Je voudrais une salade et une eau minérale, s'il vous plaît.

1. Janine has been working in the yard in the hot sun all afternoon.
   _____

2. You and your two friends only have 20 euros altogether.
   _____

3. You are very, very thirsty.
   _____

4. Your little brother, Nicolas, hates ham but loves cheese.
   _____

5. You and your friend just finished playing soccer for two hours.
   _____

6. Your mom is in the mood for her favorite food.
   _____

7. Marylyn is lactose intolerant and diabetic.
   _____

Nom et prénom: _____ Classe: _____ Date: _____

24 Do the following math problems. Write the answer in both numbers and letters.

   MODÈLE   20 + 52 = **72, soixante-douze**

1. 97 + 225 = _____
2. 183 + 290 = _____
3. 67 − 23 = _____
4. 589 − 234 = _____
5. 98 − 89 = _____
6. 16 + 43 = _____
7. 678 + 98 = _____
8. 132 + 111 = _____
9. 376 + 26 = _____
10. 123 − 90 = _____

Culture

25 Theme cafés have been popular since the 1990s in France. Research the following cafés in Montpellier, and describe what they are and when they are open.

Café de la Vie: _____

Bar des sciences: _____

Café des Femmes: _____

Café Philo: _____

Café du genre: _____

Café entreprise: _____
_____

Nom et prénom: _____ Classe: _____ Date: _____

26 Write the names of the French café(s) frequented by each of the authors below. Refer to the **Points de départ** in **Leçon B**.

Écrivain	Café(s) de fréquentation
1. Ernest Hemingway	
2. Voltaire	
3. F. Scott Fitzgerald	
4. Jean-Paul Sartre	
5. Simone de Beauvoir	
6. André Breton	

27 Search online and find the name of a restaurant in Paris that fits the description below. Name a dish that they serve.

1. un bar à vins _____

2. un pub _____

3. un bar à jus de fruits _____

4. une brasserie pour le sport _____

5. un bistrot gastronomique _____

Nom et prénom: _____ Classe: _____ Date: _____

Structure

28 Fill in the blanks with the correct form of the verb **prendre**.

1. Je _____ un sandwich.

2. Elle _____ un ticket.

3. Il _____ un livre.

4. Tu _____ un coca.

5. Nous _____ des stylos.

6. Ils _____ des ballons de foot.

7. Vous _____ un rendez-vous.

8. Elles _____ une écharpe.

9. On _____ un café?

29 Answer the following questions in French.

1. Qu'est-ce que tu prends au café?
   _____

2. Qu'est-ce que les élèves prennent à la cafétéria aujourd'hui?
   _____

3. Qu'est-ce que je prends pour le cours de français?
   _____

4. Qu'est-ce que ton camarade de classe prend pour le cours de musique?
   _____

5. Qu'est-ce que nous prenons pour écouter de la musique?
   _____

6. Qu'est-ce que tu prends quand tu as faim?
   _____

7. Qu'est-ce que vous prenez quand vous avez soif?
   _____

8. Qu'est-ce que le prof de gym prend après les cours?
   _____

Nom et prénom: _____ Classe: _____ Date: _____

30 Say what the following people are having, according to the illustrations.

MODÈLE — les filles

Les filles prennent une eau minérale, un jus d'orange, et une limonade.

1. Louis
2. tu 
3. je 
4. vous 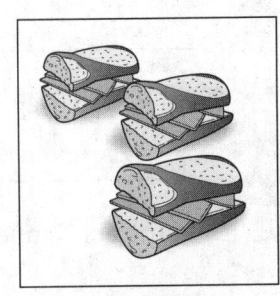
5. la famille Marteau 
6. Jean 
7. toi et moi, nous 
8. on 

1. _____
2. _____
3. _____
4. _____
5. _____
6. _____
7. _____
8. _____

© EMC Publishing, LLC *T'es Branché?*, Workbook Unité 4, Leçon B **101**

Nom et prénom: _____ Classe: _____ Date: _____

31 Say what the following people take with them, according to their situations. Choose from the items below.

un stylo   un DVD   une eau minérale   un ballon de foot   l'addition
un sac à dos   une carte   un portable   un ordinateur

1. Je vais au parc avec mes amis.
   _____

2. M. Rétro voyage.
   _____

3. Patrick et Damien vont surfer sur Internet.
   _____

4. On téléphone à Julian et Talia.
   _____

5. Les profs du lycée montrent le film *Ratatouille* en classe de français.
   _____

6. Papa et maman invitent la famille au restaurant.
   _____

7. Tu fais du footing.
   _____

8. Nous allons faire les devoirs.
   _____

9. Pierre va à l'école.
   _____

Nom et prénom: _____ Classe: _____ Date: _____

32 Describe a perfect evening in Paris at a restaurant of your choice. Mention with whom you go, what time you meet, what each person eats and drinks, how much the bill is, and what time it is at the end of the evening. Write a minimum of eight sentences in French, use the verbs **prendre** and **avoir**, mention at least ten foods and drinks, and use at least three negative sentences.

Nom et prénom: _____ Classe: _____ Date: _____

Leçon C
Vocabulaire

33 Name an American or French movie you know that fits each of the following categories.

1. un drame _____

2. un film d'horreur _____

3. un thriller _____

4. un documentaire _____

5. un film musical _____

6. une comédie romantique _____

34 Say what kind of movie the following people are most likely going to watch, based on the information given. Choose from the genres below.

MODÈLE   C'est un film avec Eddie Murphy.
une comédie

un film d'horreur	un documentaire	un thriller
une comédie romantique	une comédie	un drame
un film d'aventures	un film de science-fiction	

1. On va rire. _____

2. Je vais pleurer. _____

3. Marc aime l'aventure. _____

4. Il y a des extraterrestres (*aliens*). _____

5. Il y a du suspense. _____

6. C'est un film de Stephen King. C'est horrible! _____

Nom et prénom: _____ Classe: _____ Date: _____

35 Tell your friend how he or she will react when he or she sees the following movies. Use **aller** + **rire**, **pleurer**, **aimer**, or **ne… pas aimer**.

    MODÈLE   *Le Fabuleux destin d'Amélie Poulain* est une comédie.
                      Tu vas rire.

1. *Da Vinci Code* est un thriller. _____
2. *La La Land* est une comédie musicale. _____
3. *Un sac de billes* est un drame. _____
4. *Alibi.com* est une comédie. _____
5. *Rock'n Roll* est une comédie. _____

36 The movie *Jour J* starts at 19h30 at the Pathé cinema. Say who is early, who is on time, and who is late.

    MODÈLE   19h25 (*moi*)
                      Je suis en avance.

1. 19h40 (*Cédric*) _____
2. 19h25 (*Fatima*) _____
3. 19h20 (*Alex et Diana*) _____
4. 19h15 (*vous*) _____
5. 19h35 (*Clément et Lamine*) _____
6. 19h30 (*nous*) _____

Nom et prénom: _____ Classe: _____ Date: _____

37. You and your friend Joachim have made plans to go to the movies tonight. Write him a text message with three movie choices. Include the name of each movie, the genre, the main actor or actress, where the movie is playing, and what time it starts.

MODÈLE Salut! Ce soir il y a *Il a déjà tes yeux*, une comédie romantique avec Aïssa Maïga au Pathé à 20h30. Il y a aussi….

Nouveau Message — Annuler

À: _____

[message area]

Envoyer

Nom et prénom: _____ Classe: _____ Date: _____

38 Read each of the following reviews and say whether you will like the movie or not, based on what the critics say. Use the verb **aimer** and **un peu**, **beaucoup**, or **pas du tout**.

MODÈLE   *Rock'n Roll*: **On va aimer beaucoup.**

Rock'n Roll
Guillaume Canet

La peur de vieillir, la peur de devenir ringard…. Marion (Cotillard) et Guillaume (Canet) se moquent d'eux-mêmes. Vous allez rire et vous allez adorer leurs personnages.

mother!
Darren Aronofsky

Jennifer Lawrence et Javier Bardem mènent une vie paisible qui va être bouleversée par l'arrivée d'un mystérieux couple qui va prendre petit à petit possession de leur demeure. On préfère *Black Swan*, du même réalisateur.

120 battements par minute
Robin Campillo

1990: les années Sida. Survivre, militer, faire savoir, interpeler, manifester, aimer, mourir…. Le film choc du Festival de Cannes 2017. Vous allez être émus, révoltés, choqués; vous allez aussi beaucoup pleurer.

Juste la fin du monde
Xavier Dolan

Un casting cinq étoiles avec Vincent Cassel, Gaspard Ulliel, Marion Cotillard, et Nathalie Baye. Le retour du fils prodige et l'occasion de régler des comptes en famille. Beaucoup de non-dits et d'émotions. Du cinéma à fleur de peau comme toujours chez Nolan. Un peu trop?

Timbuktu
Abderrahmane Sissako

Islam contre Islam. La charia contre une conception ouverte de l'islam. Attention, vous allez voir un chef d'œuvre.

Les Proies
Sofia Coppola

La proie c'est lui: Colin Farrell. Les prédatrices ce sont elles: Nicole Kidman, Kirsten Dunst, Elle Fanning. Il le paiera fort cher. Vous aimez Colin Farrell, Nicole Kidman et tous ceux qui les entourent? Alors, vous allez aimer le film.

La La Land
Damien Chazelle

L'amour c'est gai, l'amour c'est triste…. L'amour vit son printemps, son été, son automne et son hiver. Comme aurait dit Jacques Demy, un film enchanté. Multi oscarisé. Vous allez être enchantés par Ryan Gosling et Emma Stone.

Bonne Pomme
Florence Quentin

Catherine Deneuve et Gérard Depardieu: ils sont immenses, mais le film n'est pas à la hauteur de leur talent. Les bons sentiments ne font pas toujours un bon film.

---

1. *mother!*: _____

2. *120 battements par minute*: _____

3. *Juste la fin du monde*: _____

4. *Timbuktu*: _____

5. *Les Proies*: _____

6. *La La Land*: _____

7. *Bonne Pomme*: _____

Nom et prénom: _____ Classe: _____ Date: _____

39 You want to invite some new friends to go to the movies with you this weekend. Prepare six questions to ask them about their likes and dislikes regarding movies and the cinema.

1. _____
2. _____
3. _____
4. _____
5. _____
6. _____

Culture

40 Write what the following numbers refer to, according to the **Points de départ** in **Leçon C**.

1. 4,400

   _____

2. 85 million

   _____

3. 200 million

   _____

4. 220

   _____

5. 2014

   _____

6. 2017

   _____

7. 175 million

   _____

Nom et prénom: _____ Classe: _____ Date: _____

41 Search online and find in which French movie(s) the following American actors starred. Then write a short pitch for the movie.

1. Natalie Portman: _____
   _____

2. Scarlett Johansson: _____
   _____

3. Joaquin Phoenix: _____
   _____

42 Complete the following sentences, based on movie reviews you find on the website **Allociné.fr**.

1. Un billet de cinéma coûte _____.

2. Ce soir il y a le film _____ au cinéma.

3. _____ personnes aiment le film.

4. _____ est le film numéro 1 au box office.

5. _____ est un bon cinéma.

6. _____ est un bon film.

7. _____ est un mauvais film.

Nom et prénom: _____ Classe: _____ Date: _____

Structure

43 For each statement below, ask a question using the interrogative adjective **quel**, **quelle**, **quels**, or **quelles**.

MODÈLE   Les Martin aiment un film.
Quel film?

1. Nous avons une amie française. _____
2. La classe de maths va voir un match de foot. _____
3. Je vais au stade avec des amis. _____
4. J'aime un genre de film. _____
5. Tu as des CD? _____
6. On regarde une comédie? _____
7. Mes amis parlent avec les filles. _____

44 Complete the following questions with the correct interrogative adjective.

MODÈLE   Tu vas à **quel** lycée?

1. Tu es en _____ classe?
2. Tu aimes _____ cours?
3. Tu as _____ profs?
4. Tu fais _____ devoirs?
5. Tu préfères _____ matières?
6. Tu préfères _____ sports?
7. Tu as _____ prof de français?

Nom et prénom: _____ Classe: _____ Date: _____

45 You are on the phone with your friend Paolo in Mexico, but you have a bad connection and cannot hear him very well. Ask questions about what you did not hear clearly (in italics). Use the interrogative adjectives **quel**, **quelle**, **quels**, and **quelles**.

   MODÈLE   Je sors *samedi*.
            Tu sors quel jour?

1. Je vais à la séance *de minuit*.
   _____

2. Je vois la comédie *Rock'n Roll*.
   _____

3. Je n'aime pas les acteurs du film *La La Land*.
   _____

4. Je préfère l'actrice *Vanessa Paradis*.
   _____

5. Mes amis adorent les films *de science-fiction*.
   _____

6. Nous avons rendez-vous au cinéma *Cine Paraíso*.
   _____

46 Complete each sentence with the correct form of the verb **voir**.

1. Là, vous _____ le parc.
2. Ici, on _____ le lycée.
3. Là, nous _____ le stade.
4. Là, elles _____ la piscine municipale.
5. Ici, il _____ la médiathèque.
6. Là, je _____ le centre commercial.
7. Ici, tu _____ le collège.

Nom et prénom: _____   Classe: _____   Date: _____

47 Create complete sentences using the following elements.

   MODÈLE   Richard/ne… pas voir/un thriller/le weekend
   Richard ne voit pas un thriller le weekend.

1. Marie-Paule et Sébastien/voir/un film d'horreur
   _____

2. tu/ne… pas voir/le DVD/derrière la télé
   _____

3. nous/voir/un bon film/avec les copains
   _____

4. ma famille et moi/voir/un ami/au restaurant
   _____

5. je/ne… pas voir/le prof de biologie/à l'école
   _____

6. vous/voir/les animaux/devant le bus
   _____

7. Béatrice et Nathalie/voir/un film musical/au Pathé
   _____

8. tu/ne… pas voir/mon sac à dos
   _____

Nom et prénom: _____ Classe: _____ Date: _____

48 Look at the illustrations below and write what each person sees.

MODÈLE

Tu vois un café.

tu

1. M. Albert
2. M. et Mme Anvers 
3. Dominique 
4. je 
5. tu 
6. vous 
7. on 
8. Chanel et Keisha 
9. les copains et moi 
10. Hélène 

1. _____
2. _____
3. _____
4. _____
5. _____
6. _____
7. _____
8. _____
9. _____
10. _____

Nom et prénom: _____ Classe: _____ Date: _____

Unité 5: Les gens que je connais

Leçon A
Vocabulaire

1 Write the missing words in the spaces below to create logical pairs.

| le beau-père | le fils | le mari | la grand-mère |
| la tante | la sœur | le cousin | la belle-sœur |

MODÈLE   le grand-père et **la grand-mère**

1. l'oncle et _____
2. la cousine et _____
3. la fille et _____
4. le beau-frère et _____
5. le frère et _____
6. la belle-mère et _____
7. la femme et _____

2 In each group below, circle the word that does not belong.

MODÈLE   le père, la mère, la fille, (le cousin)

1. l'oncle, la sœur, la tante, la cousine
2. le frère, la cousine, la sœur, le père
3. la grand-mère, le beau-frère, la mère, la fille
4. la belle-sœur, le beau-frère, la belle-mère, le frère
5. la sœur, la demi-sœur, le demi-frère, les parents
6. le cousin, la cousine, le grand-père, le frère
7. la grand-mère, le demi-frère, la sœur, les enfants

Nom et prénom: _____ Classe: _____ Date: _____

3 Write the name of the family member that fits each of the descriptions below.

   MODÈLE   le frère du père: **l'oncle**

1. la sœur de la mère: _____

2. le fils de la tante: _____

3. le père de la mère: _____

4. le mari de la sœur: _____

5. la femme du grand-père: _____

6. le fils de la belle-mère: _____

7. la femme du frère: _____

4 Refer to **Activité 1** on p. 220 of the textbook to indicate whether the following statements are true (**vrai**) or false (**faux**).

	vrai	faux
1. Alexis a les yeux bleus.		
2. Simon a les cheveux blonds.		
3. Leïla ressemble à sa mère.		
4. Nayah a les cheveux noirs.		
5. Monsieur Russac a les yeux bleus.		
6. Le fils de Mme Djellouli ressemble à son père.		
7. Mme Diouf a les cheveux noirs.		
8. Le frère de Simon a les yeux bleus.		

Nom et prénom: _____ Classe: _____ Date: _____

5 Answer the following questions in French.

MODÈLE Qui a les cheveux blonds?
Ma cousine Catherine a les cheveux blonds.

1. Qui a les cheveux bruns?
   _____

2. Qui a les yeux gris?
   _____

3. Qui a les cheveux roux?
   _____

4. Qui a les yeux marron?
   _____

5. Qui a les yeux verts?
   _____

6. Qui a les cheveux gris?
   _____

7. Qui a les yeux bleus?
   _____

8. Qui a les cheveux noirs?
   _____

Nom et prénom: _____ Classe: _____ Date: _____

6 Read the following statements and use them to fill in the genealogical tree with the names below.

Bruno	Appoline	Malika	Guillaume	François
Amélie	Augustin	Lilou	Paul	Noah

1. Malika et Guillaume ont un seul fils.
2. Nicolas a trois enfants.
3. Amélie est la belle-fille d'Appoline.
4. Malika est la belle-sœur de François.
5. Augustin est le cousin de Lilou.
6. Noah et Paul sont les frères de Lilou.
7. Appoline est la grand-mère d'Augustin.
8. Bruno est le grand-père de Paul.

© EMC Publishing, LLC — *T'es Branché?*, Workbook — Unité 5, Leçon A

Nom et prénom: _____ Classe: _____ Date: _____

Culture

7 Complete the following sentences with the correct metric unit. Research online and refer to the **Points de départ** in **Leçon A**.

1. Don't worry, I'm only going 90 _____.

2. This world champion weighs 80 _____!

3. I would like 500 _____ of blackberries, please!

4. Your body contains about five _____ of blood.

5. Four kilograms equal four _____.

6. This baby is very long; he measures 56 _____.

8 Refer to the **Points de départ** in **Leçon A** to fill out the following profile of Martinique.

La Martinique	
Geographical location:	Major active volcano:
Capital:	Food specialties:
Famous authors:	Languages spoken:

Nom et prénom: _____ Classe: _____ Date: _____

Structure

9 Write **mon**, **ma**, or **mes** before each noun below.

1. _____ cousine

2. _____ père

3. _____ belle-sœur

4. _____ amis

5. _____ cousines

6. _____ oncle

7. _____ grand-père

8. _____ sœur

10 Fill in the blanks with the appropriate possessive adjectives.

1. Je n'ai pas _____ feuille de papier!

2. Papa, comment s'appelle _____ belle-sœur?

3. Malik regarde _____ émission préférée.

4. Nous faisons _____ devoirs avant le dîner.

5. Tu aimes bien _____ sœur?

6. Les garçons aiment sortir avec _____ amis.

7. J'aime aller au cinéma avec _____ copain.

8. Vous allez voir _____ grands-parents?

Nom et prénom: _____ Classe: _____ Date: _____

11 Say what each person has, according to the illustrations. Use possessive adjectives.

MODÈLE   Gérard a son livre.
Gérard

1. Naya
2. nous 
3. Les parents 
4. Pierre et Alain 
5. Karim et Fatima 
6. je 
7. vous 
8. tu 

1. _____
2. _____
3. _____
4. _____
5. _____
6. _____
7. _____
8. _____

120   Unité 5, Leçon A   *T'es Branché?*, Workbook   © EMC Publishing, LLC

Nom et prénom: _____ Classe: _____ Date: _____

12 Answer the following questions with a complete sentence using the correct possessive adjective.

MODÈLE   La fille de ta tante, c'est qui?
C'est ma cousine.

1. L'oncle de ta sœur, c'est qui?
   _____

2. Les parents de tes parents, ce sont qui?
   _____

3. Le père du père de Xavier, c'est qui?
   _____

4. La mère d'Alex, c'est qui?
   _____

5. Le fils de M. et Mme Jaquin, c'est qui?
   _____

6. La femme de votre père, c'est qui?
   _____

7. Les enfants de votre oncle et votre tante, ce sont qui?
   _____

8. Les grands-parents de ton meilleur ami, ce sont qui?
   _____

Nom et prénom: _____ Classe: _____ Date: _____

13 Make the following sentences negative.

MODÈLE Nous avons un petit chat.
Nous n'avons pas de petit chat.

1. Ma sœur a des cousins.
   _____

2. Leila et Gérald ont une tante algérienne.
   _____

3. La prof de biologie a des enfants.
   _____

4. Le père et la mère de Maxime ont un poisson rouge.
   _____

5. Vous avez une carte de la France dans la salle de classe de maths.
   _____

6. Tu as une belle trousse.
   _____

7. On a un crayon et des stylos.
   _____

8. Sylvie a un grand-père et une grand-mère français.
   _____

Nom et prénom: _____ Classe: _____ Date: _____

14 Answer the following questions in the negative.

  MODÈLE Tu as un cheval à la maison?
  Non, je n'ai pas de cheval à la maison.

1. Tu manges un poisson rouge à la cantine?
   _____

2. Toi et tes amis, vous avez des livres de sciences à la teuf?
   _____

3. Ton oncle a des devoirs de français?
   _____

4. Tes camarades de classe ont un lecteur de DVD dans leurs sacs à dos?
   _____

5. Ta petite sœur et toi, vous avez des cousins canadiens?
   _____

6. Ta famille a des amis algériens?
   _____

7. Ton meilleur ami et toi, vous avez un ordinateur portable dans votre sac à dos?
   _____

8. Tes amis mangent un croque-monsieur pour le petit déjeuner?
   _____

Nom et prénom: _____ Classe: _____ Date: _____

15 Write a paragraph about your family. Say how many people are in your family and how they are all related. Also describe each member physically and explain who looks like whom. Write a minimum of eight sentences in French.

Nom et prénom: _____ Classe: _____ Date: _____

Leçon B
Vocabulaire

16 Match the illustrations with the appropriate month below.

A.  B.  C.  D.

E.  F.  G.  H.

I.  J.  K.  L.

1. janvier _____
2. février _____
3. mars _____
4. avril _____
5. mai _____
6. juin _____

7. juillet _____
8. août _____
9. septembre _____
10. octobre _____
11. novembre _____
12. décembre _____

© EMC Publishing, LLC   *T'es Branché?*, Workbook   Unité 5, Leçon B   **125**

Nom et prénom: _____ Classe: _____ Date: _____

17 Write the name of the month that corresponds to each of the numbers below.

1. 07 _____
2. 02 _____
3. 11 _____
4. 04 _____
5. 09 _____
6. 12 _____

7. 01 _____
8. 08 _____
9. 10 _____
10. 05 _____
11. 03 _____
12. 06 _____

18 Answer the following questions in French. Use complete sentences.

1. En quel mois est ton anniversaire?
   _____

2. Tu préfères manger un gâteau ou avoir un cadeau pour ton anniversaire?
   _____

3. Qu'est-ce que tu offres à ton copain ou ta copine pour la Saint-Valentin?
   _____

4. Qu'est-ce que tu offres à ta mère pour son anniversaire et en quel mois?
   _____

5. Qu'est-ce que tu offres à ton meilleur ami ou ta meilleure amie pour son anniversaire et en quel mois?
   _____

6. Tu offres un cadeau ou une carte cadeau à tes amis?
   _____

7. En quel mois est l'anniversaire de ton père?
   _____

8. Qu'est-ce que tu offres à ton grand-père et ta grand-mère pour Noël?
   _____

Nom et prénom: _____ Classe: _____ Date: _____

19 Abdou and Marie-Alix are twins. They are exactly alike in character. Write the adjectives below in the correct columns to describe each twin. You may use some words twice.

bavarde   généreuse   sympa   paresseux   égoïste
bavard   timide   paresseuse   généreux

_____   _____
_____   _____
_____   _____
_____   _____
_____   _____

20 Complete each of the following sentences with the adjective that means the opposite of the one used at the beginning of the sentence.

MODÈLE   Lisa est petite, elle n'est pas **grande**.

1. Homer est bête, il n'est pas _____.
2. Maggie est égoïste, elle n'est pas _____.
3. Bart est méchant, il n'est pas _____.
4. Lisa est intelligente, elle n'est pas _____.
5. Marge n'est pas timide, elle est _____.
6. Homer n'est pas diligent, il est _____.
7. Maggie n'est pas sympa, elle est _____.
8. Bart n'est pas timide, il est _____.
9. Homer n'est pas égoïste, il est _____.
10. Lisa n'est pas paresseuse, elle est _____.

Nom et prénom: _____ Classe: _____ Date: _____

Culture

21 Send the following friends and acquaintances a happy birthday message on various social media, according to the information below.

1. Your best friend on Twitter (140 characters)

   _____

   _____

2. Your cousin on Instagram

   _____

   _____

3. Your Martiniquean friend on Facebook; add questions about what he or she will do that day.

   _____

   _____

22 Your parents' 20th wedding anniversary is coming up. Go online and visit the **FNAC** website. In the space below, write down ten things you want to purchase from **la FNAC** to give your parents an unforgettable anniversary.

1. _____   6. _____
2. _____   7. _____
3. _____   8. _____
4. _____   9. _____
5. _____   10. _____

Nom et prénom: _____ Classe: _____ Date: _____

Structure

23 Fill in the blanks with the correct form of the verb in parentheses.

1. Les filles _____. (*rougir*)

2. On _____ le gâteau. (*finir*)

3. Vous _____ vos devoirs. (*finir*)

4. Tu _____ en juillet. (*maigrir*)

5. Ma mère _____ à l'anniversaire de son frère. (*réfléchir*)

6. Les enfants _____! (*grandir*)

7. Je _____ à la maison de ma grand-mère. (*grossir*)

8. Nous _____ au contrôle de français. (*réussir*)

24 Fill in the blanks with the correct form of the appropriate verb from the list below.

| finir | réussir | grossir | choisir |
| rougir | réfléchir | maigrir | grandir |

Bonjour Aïcha,

Je (1) _____ un voyage incroyable en Guyane française! Ma famille et moi, nous (2) _____ une petite ville près de Cayenne. Nous faisons beaucoup de sport alors mon père et moi, nous (3) _____. Mais, ma mère (4) _____, alors elle n'est pas contente. Les Guyanais sont très sympa! Nos guides (5) _____ à marcher pendant des heures dans la forêt amazonienne. Nous, nous sommes bien fatigués! Je (6) _____ parce que mon guide est jeune et beau, et je (7) _____ à beaucoup marcher, pas comme une touriste! Les femmes guyanaises (8) _____ beaucoup à la culture guyanaise et la culture française. Elles travaillent dur et (9) _____ à apprendre l'histoire aux enfants, ils (10) _____ avec les deux cultures. J'apprends un peu le créole, mais, ne me donne pas un contrôle, je ne (11) _____ pas! À notre retour, maman et moi, nous allons préparer la cuisine guyanaise. Tu vas beaucoup manger et tu vas (12) _____ !

Nom et prénom: _____ Classe: _____ Date: _____

25 Use an **-ir** verb to say what logically happens next in each of the following situations.

   MODÈLE   Isabelle mange beaucoup de gâteau.
   Elle grossit.

1. Nous travaillons beaucoup pour notre contrôle de français aujourd'hui.
   _____

2. Je suis timide devant la classe.
   _____

3. L'équipe de foot marque un but.
   _____

4. Les filles étudient pour demain.
   _____

5. Tu veux voir un film d'horreur ou une comédie?
   _____

6. Le président français est très diligent.
   _____

7. Mon petit cousin a maintenant quatorze ans.
   _____

8. Vous ne mangez pas beaucoup.
   _____

9. Mon grand-père et moi mangeons beaucoup de hamburgers et de frites.
   _____

10. Chut! J'étudie!
    _____

Nom et prénom: _____ Classe: _____ Date: _____

26 Using both ways you have learned to say the date, write two complete sentences for each of the dates below.

      MODÈLE   12/03
                        C'est le douze mars.
                        Nous sommes le douze mars.

1. 04/05

   _____
   _____

2. 11/12

   _____
   _____

3. 19/01

   _____
   _____

4. 07/08

   _____
   _____

5. 08/07

   _____
   _____

6. 21/02

   _____
   _____

Nom et prénom: _____ Classe: _____ Date: _____

27 Write a complete sentence stating the date of each of the following events.

> **MODÈLE** Noël
> **C'est le 25 décembre.**

1. le Nouvel An
   _____

2. la Saint-Valentin
   _____

3. la fête nationale aux États-Unis
   _____

4. la fête nationale en France
   _____

5. la fête des pères
   _____

6. Halloween
   _____

7. la fête de la Saint Patrick
   _____

8. ton anniversaire
   _____

Nom et prénom: _____ Classe: _____ Date: _____

28 Fill in the blanks with the correct form of the appropriate **avoir** expression.

avoir besoin (de)   avoir… ans   avoir faim   avoir soif

1. Nayah a cours d'éducation physique. Elle _____ chaussures de sports.

2. Quel âge a ton meilleur ami? Il _____.

3. Tu voudrais une quiche et un croque monsieur. Tu _____!

4. Vous jouez au foot et il fait beau. Vous _____?

5. Quel âge as-tu? _____.

6. Les Français _____ un ticket de métro pour prendre le métro.

7. Patricia _____; elle finit la bouteille d'eau!

8. Moi, j'_____ deux cahiers pour mon cours de sciences.

29 Use the information given to answer the questions below. Make sure to answer in complete sentences.

1. Gabrielle a 16 ans. Elle a deux ans de différence avec sa grande sœur. Quel âge a la sœur de Gabrielle?

   _____

2. Roman a 36 ans quand il a un bébé. Maintenant, son fils a six ans. Quel âge a Roman aujourd'hui?

   _____

3. Valentine et Assia sont meilleures amies. Elles ont le même âge. Leur meilleur ami, Bertrand, a 15 ans. Il a le même âge que Nasser. Nasser a un an de différence avec sa petite sœur Assia. Quel âge ont Valentine et Assia?

   _____

4. Les enfants de Paul ont dix ans de plus que la fille de son cousin, qui a trois ans. Quel âge ont les enfants de Paul?

   _____

Nom et prénom: _____ Classe: _____ Date: _____

30 Say what each person gives Jérémy for his birthday, based on the illustrations below. Use the verb **offrir**.

MODÈLE   Patrick offre un livre.
Patrick

1. M. et Mme Lafont
2. vous
3. son grand-père
4. sa cousine
5. moi
6. toi
7. ses sœurs

1. _____
2. _____
3. _____
4. _____
5. _____
6. _____
7. _____

Nom et prénom: _____ Classe: _____ Date: _____

Leçon C
Vocabulaire

31 Write the feminine form of the masculine professions, and the masculine form of the feminine professions.

1. un dentiste
   _____

2. une cuisinière
   _____

3. un homme d'affaires
   _____

4. une chanteuse
   _____

5. un médecin
   _____

6. un acteur
   _____

7. une athlète
   _____

8. un ingénieur
   _____

9. un graphiste
   _____

10. un testeur de jeux vidéo
    _____

Nom et prénom: _____ Classe: _____ Date: _____

32 Name the professions of the following people, according to the illustrations.

MODÈLE   M. Diouf est dentiste.

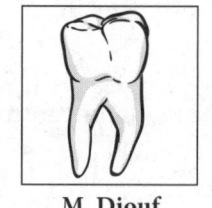

M. Diouf

1. Mme Larcène
2. M. et Mme Gaillard 
3. Mme Zarif 
4. M. Traore 
5. M. et Mme Boyer 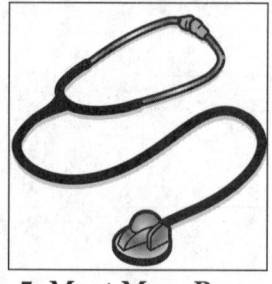
6. Mme Rouvière 
7. Mme Yayaoui 
8. M. N'gong 

1. _____
2. _____
3. _____
4. _____
5. _____
6. _____
7. _____
8. _____

Nom et prénom: _____ Classe: _____ Date: _____

33 Write the corresponding questions for each of the answers below.

1. _____

    Je suis ingénieur.

2. _____

    Nous venons de Mauritanie.

3. _____

    Non, je ne viens pas de France. Je viens du Québec.

4. _____

    Oui, les nouveaux élèves viennent de France.

5. _____

    Nous sommes graphistes.

6. _____

    Salut Ahmed, je suis avocat.

7. _____

    Oui, elle est algérienne.

8. _____

    Non, mes cousins ne viennent pas des États-Unis. Ils viennent du Canada.

Nom et prénom: _____ Classe: _____ Date: _____

34 Use the information given below to introduce each person or group of people. Make sure to use the appropriate form of the profession, based on gender and number.

MODÈLE Isabelle, avocat, New York
Je vous présente Isabelle. Elle est avocate, et elle vient de New York.

1. Malika, dentiste, Paris
_____

2. Myriam, chanteur, Martinique
_____

3. Jean-Luc, athlète, Haïti
_____

4. Sophie et Gisèle, médecin, Amsterdam
_____

5. John et Louie, acteur, Chicago
_____

6. Noémie, cuisinier, Djibouti
_____

7. Saniyya, metteur en scène, Israël
_____

Nom et prénom: _____ Classe: _____ Date: _____

Culture

35 Label the following French-speaking countries on the world map below. Refer to the **Points de départ** in **Leçon C**.

| le Sénégal | la Côte d'Ivoire | le Cameroun | le Bénin |
| le Togo | le Gabon | le Burkina Faso | le Mali |

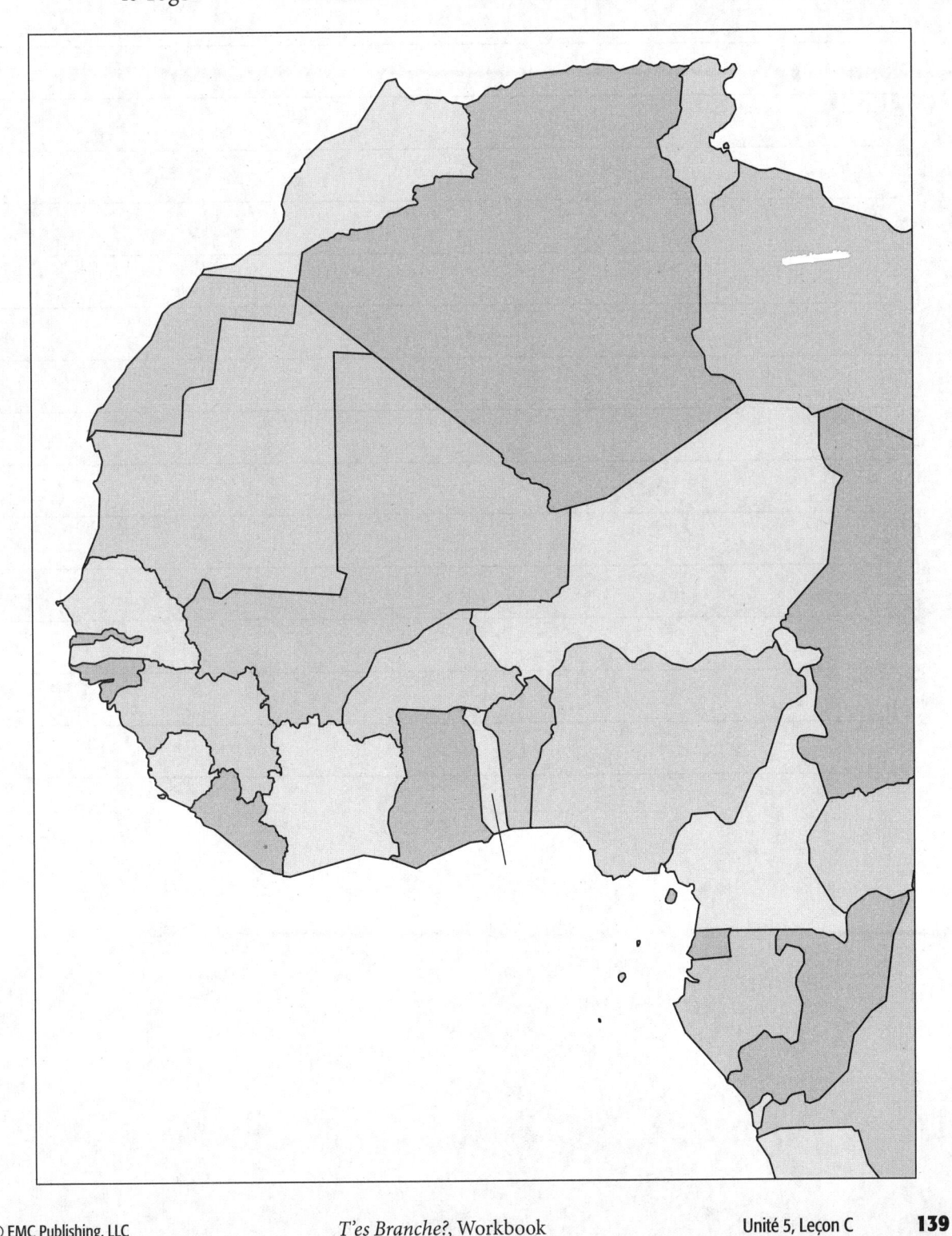

Nom et prénom: _____ Classe: _____ Date: _____

36 Write a profile of the economy of francophone Africa, based on the information in the **Points de départ** in **Leçon C**. In your profile, make sure to cover the following topics:

- agricultural production
- energy resources
- mineral resources
- francophone African writers
- francophone African musicians

_____
_____
_____
_____
_____
_____
_____
_____
_____
_____
_____
_____
_____
_____
_____

Nom et prénom: _____ Classe: _____ Date: _____

Structure

37 Complete the following sentences using **c'est**, **ce sont**, **il/elle est** or **ils/elles sont**.

MODÈLE   C'est un footballeur.

1. _____ médecin.
2. _____ architecte.
3. _____ une étudiante française.
4. _____ un homme d'affaires.
5. _____ avocats en Italie.
6. _____ cuisinière au lycée Pascal.
7. _____ une athlète diligente!
8. _____ testeur de jeux vidéo.
9. _____ des hommes d'affaire intelligents.
10. _____ un grand médecin!
11. _____ chanteuses.
12. _____ des agents de police algériens.

Nom et prénom: _____ Classe: _____ Date: _____

38 Use **c'est** or **ce sont** to state the professions of the following people, and then use **il/elle est** or **ils/elles sont** to state their nationalities.

    MODÈLE   graphistes/Québec
                  Ce sont des graphistes. Ils sont québécois.

1. testeurs de jeux vidéo/France
   _____

2. athlète/Canada
   _____

3. avocates/États-Unis
   _____

4. ingénieurs/France
   _____

5. agent de police/Cameroun
   _____

6. cuisiniers/Bénin
   _____

7. chanteuse/Sénégal
   _____

Nom et prénom: _____ Classe: _____ Date: _____

39 Complete the following sentences using the correct form of the verb **venir**.

1. Quand est-ce que tu _____?
2. Je _____ le 6 juin.
3. Vous _____ d'où?
4. Nous _____ de Guadeloupe.
5. Quand est-ce que grand-mère _____ à la maison?
6. Elle _____ demain.
7. Quand est-ce qu'Alix _____ à la teuf?
8. Mon oncle et ma tante _____ ce soir.

40 Use **du, de la, d', de,** or **des** to complete the following sentences.

1. C'est le livre _____ professeur de français.
2. C'est le premier jour _____ mois.
3. C'est la semaine _____ sport.
4. C'est le meilleur cinéma _____ Paris.
5. C'est un film _____ action.
6. Tu as le numéro de téléphone _____ filles de la teuf?
7. C'est un super cadeau _____ anniversaire.
8. Non, nous ne venons pas _____ Canada, nous venons _____ États-Unis.
9. Oui, c'est le copain _____ cousine _____ beau-frère de Marie-Paule.

Nom et prénom: _____ Classe: _____ Date: _____

41 Write a paragraph about one of your family members. Describe him or her physically and mention where he or she is from, what he or she does for a living, how old he or she is, what his or her hobbies are, etc. Write a minimum of eight sentences.

_____
_____
_____
_____
_____
_____
_____
_____
_____
_____
_____
_____
_____
_____
_____
_____

Nom et prénom: _____ Classe: _____ Date: _____

Unité 6: La rue commerçante

Leçon A
Vocabulaire

1 Identify each item of clothing pictured below by writing the letter of the item next to its name.

1. une jupe _____

2. un pantalon _____

3. une écharpe _____

4. un pull _____

5. des chaussures _____

6. une veste _____

7. une robe _____

8. un foulard _____

Nom et prénom: _____ Classe: _____ Date: _____

2 Circle the vocabulary word that does not belong with the other two.

1. une jupe, une robe, un pantalon
2. un pull, un jean, une chemise
3. un maillot de bain, un jean, un pantalon
4. des bottes, des tennis, un chapeau
5. une veste, un tee-shirt, un manteau
6. une robe, un chapeau, un foulard
7. un pantalon, un jean, des bottes
8. une chemise, une jupe, un pantalon

3 Write the color of each item. Follow the **modèle** and remember to pay attention to number and gender agreement.

MODÈLE bleu/robe
une robe bleue

1. noir/jupe _____
2. blanc/pull _____
3. vert/écharpe _____
4. gris/chemise _____
5. rose/foulard _____
6. violet/tennis _____
7. marron/chaussures _____
8. bleu/pantalon _____

Nom et prénom: _____ Classe: _____ Date: _____

4 Answer the following questions in complete sentences. Follow the **modèle** and remember to pay attention to number and gender agreement.

MODÈLE Vous cherchez un pull de quelle couleur? (rouge)
Je cherche un pull rouge.

1. Ton ami(e) et toi, vous cherchez un maillot de bain de quelle couleur? (beige)
   _____

2. Tu as une écharpe de quelle couleur? (noir)
   _____

3. Ta copine cherche un pantalon de quelle couleur? (jaune)
   _____

4. Ton père voudrait une chemise de quelle couleur? (violet)
   _____

5. Tes amis et toi, vous avez un jean de quelle couleur? (bleu)
   _____

6. Tu aimes les vestes de quelle couleur? (blanc)
   _____

7. Tu n'as pas de manteau de quelle couleur? (orange)
   _____

8. Tu offres des chaussures de quelle couleur à ta mère? (gris)
   _____

Nom et prénom: _____ Classe: _____ Date: _____

5 Describe what the following people wear for the occasions listed.

MODÈLE mon oncle/son anniversaire
Pour son anniversaire, mon oncle porte un jean bleu, une chemise blanche, et des chaussures noires.

1. ma mère/aller au bureau du proviseur

   _____
   _____

2. mon grand-père/aller au parc

   _____
   _____

3. mon ami/aller à la teuf

   _____
   _____

4. mon amie/aller à la teuf

   _____
   _____

5. moi/l'école

   _____
   _____

Nom et prénom: _____ Classe: _____ Date: _____

Culture

6 You are buying groceries online at **Monoprix.fr**. In French, create a list of items you are getting and write them in the appropriate categories below. Include prices.

1. Fruits et légumes
   _____

2. Produits laitiers
   _____

3. Conserves et pâtes
   _____

4. Boissons
   _____

5. Confiseries
   _____

6. Produits d'entretien
   _____

7 In French, fill out the following profile of **le marché aux puces de St. Ouen**, according to the information provided in the **Points de départ** in **Leçon A**.

1. Où: _____

2. Heures d'ouverture: _____

3. Nombre de marchés: _____

4. Qu'est-ce qu'on y trouve? _____

5. Que signifie l'expression: "aller aux puces?"
   _____

Nom et prénom: _____ Classe: _____ Date: _____

8 Refer to the **Points de départ** in **Leçon A** to determine whether the following sentences are true (**vrai**) or false (**faux**).

1. Dior est un grand couturier. _____

2. Les collections ont lieu quatre fois par an. _____

3. Jean-Paul Gaultier habille Madonna. _____

4. Vanessa Paradis est l'inspiration de Dior. _____

5. Aujourd'hui tous les noms de la haute couture sont des marques de parfums. _____

Structure

9 Draw lines to match the subjects in the left column with the phrases in the right column to form the most logical sentences.

1. Pierre et moi…   A. …achètent des jupes à la mode.

2. Les filles…   B. …n'achetez pas un chapeau?

3. Moi, j'…   C. …achètes un pull très moche.

4. M. Tort, vous…   D. …achetons un jean pour sa sœur.

5. Jacques et Karim…   E. …achetons un sandwich.

6. Toi et moi…   F. …achètent des vestes.

7. Toi, tu…   G. …achètent une carte cadeau pour leur tante.

8. Les garçons…

                               H. …achète un cadeau pour mon père.

Nom et prénom: _____ Classe: _____ Date: _____

10 Complete the following sentences with the correct form of the verb **acheter**.

1. Je voudrais aller à la piscine avec toi, alors j'_____ un maillot de bain.
2. Tu _____ une veste pour Bilal.
3. Oncle Paul _____ des chaussures pour l'anniversaire de mon père.
4. Elle _____ un jean bleu pour aller avec sa veste.
5. Nous n'_____ pas de tennis dans ce magasin.
6. Vous _____ un joli chapeau noir et gris!
7. Mes copains _____ des vêtements au centre commercial.
8. Elles _____ des pulls.

11 Fill in the empty spaces in the paragraph below, using the correct form of **vouloir**.

Salut, je (1) _____ aller faire du shopping avec Alexis et Camille. Est-ce que vous (2) _____ venir avec moi? On (3) _____ acheter des vêtements. Alexis (4) _____ un pantalon pour 20 euros. Camille et moi, nous (5) _____ des magazines pour dix euros. Alexis et Luc (6) _____ 30 euros pour acheter des pulls, mais leurs parents ne (7) _____ pas donner plus de 20 euros.

Nom et prénom: _____ Classe: _____ Date: _____

12 Create sentences to answer the following questions. Use the correct form of the verb **vouloir**.

1. Tes amis et toi, qu'est-ce que vous voulez faire ce weekend?
   _____

2. Qu'est-ce qu'elle veut faire après l'école, ta sœur?
   _____

3. Qu'est-ce qu'il veut, le prof de chimie?
   _____

4. Les enfants, qu'est-ce que vous voulez manger?
   _____

5. Qu'est-ce que tu veux comme cadeau pour ton anniversaire?
   _____

6. Qu'est-ce qu'elles veulent, les filles?
   _____

7. Qu'est-ce que tu veux manger ce soir?
   _____

8. Ton meilleur ami et toi, qu'est-ce que vous voulez acheter au centre commercial?
   _____

Nom et prénom: _____ Classe: _____ Date: _____

13 Following the pictures and using the verb **vouloir**, identify the items you want using the correct demonstrative adjectives. Write complete sentences.

MODÈLE Je voudrais **cette chemise**.

1.
2. 
3. 
4. 
5. 
6. 
7. 

1. _____
2. _____
3. _____
4. _____
5. _____
6. _____
7. _____

© EMC Publishing, LLC   *T'es Branché?*, Workbook   Unité 6, Leçon A   **153**

Nom et prénom: _____ Classe: _____ Date: _____

14 Complete the dialogue with the correct demonstrative adjectives: **ce, cet, cette,** or **ces**.

-Bonjour monsieur, vous désirez essayer (1) _____ veste?

-Non, merci, mais (2) _____ pull-là, il coûte combien?

-35 euros. Il va avec (3) _____ écharpe.

-Ah, je ne l'aime pas. Vous avez (4) _____ tennis en gris?

-Non, mais elles vont bien avec (5) _____ pantalon, n'est-ce pas?

-Non, je vais prendre (6) _____ chemise grise et (7) _____ ensemble noir.

15 Ask questions to find out the price of each item. Follow the **modèle**.

    MODÈLE   jupe/blanc
                      C'est combien, cette jupe blanche?

1. robe/bleu
   _____

2. tee-shirts/violet
   _____

3. maillot de bain/marron
   _____

4. pantalon/beige
   _____

5. veste/blanc
   _____

6. chapeau/rose
   _____

7. bottes/noir et gris
   _____

Nom et prénom: _____ Classe: _____ Date: _____

Leçon B
Vocabulaire

16 You need to buy the following food items for a party you are hosting. Write each item under the place in which it is sold so that you don't forget anything.

le café	le beurre	les pâtes	le croissant	le bœuf
le yaourt	la soupe	le saucisson	le pain	la mayonnaise
le gâteau au chocolat	les œufs	le poulet	le pâté	le camembert

À la boulangerie:
_____
_____
_____

À la charcuterie:
_____
_____
_____

À la pâtisserie:
_____
_____
_____

À la crémerie:
_____
_____
_____

À la boucherie:
_____
_____
_____

À l'épicerie:
_____
_____
_____

Nom et prénom: _____ Classe: _____ Date: _____

17 Say what the following people are having for dinner, based on the illustrations. Use expressions of quantity.

MODÈLE

Johnny **mange un peu de jambon, beaucoup de saucisson, beaucoup de pain, et un peu de moutarde.**

Johnny

1. Maddie

2. le chat

3. M. Vacher

4. Dee

5. Mme Moen

1. Maddie _____
_____

2. Le chat _____
_____

3. M. Vacher _____
_____

4. Dee _____
_____

5. Mme Moen _____
_____

Nom et prénom: _____ Classe: _____ Date: _____

18 Fill in the blanks with the appropriate expression of quantity from the word bank below.

tranche   paquet   pot   morceau   litre   bouteille

1. un _____ de lait
2. une _____ de jambon
3. un _____ de gâteau
4. une _____ de pain
5. un _____ de yaourt
6. une _____ d'eau minérale
7. un _____ de pâtes
8. un _____ de moutarde
9. un _____ de fromage

19 Ask the sales clerk for the items on your list. You must ask for the correct quantities.

MODÈLE   yaourt (3)
Je voudrais trois pots de yaourt, s'il vous plaît.

1. lait (2)
_____

2. mayonnaise (1)
_____

3. fromage (1)
_____

4. saucisson (8)
_____

5. confiture (2)
_____

6. bœuf (6)
_____

Nom et prénom: _____ Classe: _____ Date: _____

20 Complete each sentence using one of the following adverbs of quantity: **assez de**, **trop de**, **beaucoup de**, **un peu de**, or **peu de**.

1. Tu as _____ pain pour ta soupe?

2. Tu voudrais _____ fromage pour ton sandwich?

3. J'ai _____ soupe. Je n'ai plus faim.

4. J'ai _____ pots de confiture. Tu en veux?

5. J'ai _____ lait. J'en achète demain.

6. J'ai _____ paquets de pâtes. J'en apporte.

7. Tu as _____ beurre? Je sais que tu aimes le beurre.

8. Tu manges _____ mayonnaise. Ce n'est pas bon pour toi.

Culture

21 Answer the following questions, using the information in **Points de départ** in **Leçon B**.

1. Allez en ligne et regardez les sites des magasins Carrefour, Auchan, Leclerc, et Intermarché. Dites quel est celui que vous préférez et pourquoi.

   _____

   _____

2. Faites des recherches et trouvez deux particularités de chaque fromage:

   • la tomme de Savoie: _____

   • le muenster: _____

   • le Comté: _____

3. Donnez les mesures suivantes en utilisant le système métrique:

   • trois packs de lait: _____

   • six canettes de coca: _____

   • deux bouteilles de limonade: _____

   • quatre plaquettes de beurre: _____

Nom et prénom: _____ Classe: _____ Date: _____

22 Research online to find names of stores where you can purchase the following items in France.

1. des articles de sport: _____
   _____

2. de l'ameublement: _____
   _____

3. des outils pour le bricolage: _____
   _____

4. des produits pour le jardinage: _____
   _____

5. des appareils liés à l'informatique et au numérique: _____
   _____

6. des produits culturels: _____
   _____

Structure

23 Complete each sentence below by writing the appropriate form of **attendre** or **vendre**.

1. Nous _____ nos amis devant le cinéma.

2. Noémie _____ son père après l'école.

3. La pâtisserie _____ les meilleures tartes au citron!

4. Tu _____ toujours à la boulangerie.

5. Non, nous ne _____ pas de moutarde.

6. Ils _____ du saucisson à la charcuterie.

7. Vous _____ qui?

8. Oui, je _____ mon ballon de foot.

Nom et prénom: _____ Classe: _____ Date: _____

24 Rewrite the following sentences using the indicated person/pronoun and the verb **vendre**. Follow the **modèle**, adding where each item is sold.

MODÈLE Tu achètes du pain. (M. Fleury)
M. Fleury vend du pain à la boulangerie.

1. Les Martin achètent des œufs. (les Duclerc)

   _____

2. On achète du poulet. (vous)

   _____

3. Mon cousin achète des bouteilles d'eau minérale. (je)

   _____

4. Est-ce que vous achetez des croissants? (nous)

   _____

5. Je n'achète pas de gâteau. (tu)

   _____

6. Tu achètes toujours du beurre. (Mme Cheval)

   _____

7. Ma tante et moi, nous achetons du pâté de canard. (les Gaillot)

   _____

Nom et prénom: _____ Classe: _____ Date: _____

25 Your friend needs the following items for a dinner party he is hosting, but he does not know where to buy them. Write your friend a text to tell him which store sells each item.

du poulet	du pain
du pâté	du camembert
des petits gâteaux	des tartes aux pommes
du muenster	des petites pizzas
du jus de fruit	du porc

Nom et prénom: _____ Classe: _____ Date: _____

26 Replace the symbols in Raphaël's blog post with **un peu** (+), **assez** (++), **beaucoup** (+++), or **trop** (++++) to indicate how much he likes to do the things he mentions.

> J'aime (1) +++ regarder des DVD et j'aime (2) ++ écouter de la musique électronique. J'aime (3) ++++ le groupe Daft Punk. Ma sœur aime (4) + faire du sport, et elle et ses amies aiment (5) +++ faire du shopping. Ma mère aime (6) ++ faire la cuisine, et elle aime (7) +++ faire la pâtisserie. Mon père et moi, nous aimons (8) ++++ manger des gâteaux.
>
> Raphaël

1. _____
2. _____
3. _____
4. _____
5. _____
6. _____
7. _____
8. _____

Nom et prénom: _____ Classe: _____ Date: _____

27 Your parents have invited your best friend's family of four for dinner. Tell your mom if you think you have enough, too little, or too much of the following items, using **peu de**, **assez de**, or **beaucoup de**. Follow the **modèle**.

    MODÈLE   Maman: Il y a cinq litres de lait.
                   Toi: **Il y a trop de lait!**

1. Maman: Il y a une tranche de jambon.

   Toi: _____

2. Maman: Il y a 18 yaourts.

   Toi: _____

3. Maman: Il y a un camembert, une tranche de Comté, et un morceau de bleu.

   Toi: _____

4. Maman: Il y a trois pots de mayonnaise.

   Toi: _____

5. Maman: Il y a une bouteille de coca.

   Toi: _____

6. Maman: Il y a un kilo de viande.

   Toi: _____

7. Maman: Il y a 125 grammes de beurre.

   Toi: _____

8. Maman: Il y a un gâteau.

   Toi: _____

Nom et prénom: _____ Classe: _____ Date: _____

Leçon C
Vocabulaire

28 Classify each item below as **fruit** or **légume**.

une salade   un pamplemousse   un melon   un poivron   des cerises

des petits pois   une pêche   une aubergine   des carottes

Fruit	Légume

29 Look at the illustration and complete the sentence below with what David and Nathalie are buying at the French market.

David et Nathalie achètent _____

_____

_____

Nom et prénom: _____ Classe: _____ Date: _____

30 Circle the word that does not belong in the group.

1. poivrons, concombres, bananes

2. raisins, pamplemousses, courgettes

3. cerises, carottes, fraises

4. tomates, pêches, petits pois

5. carottes, pommes de terre, pommes

6. pamplemousse, aubergine, melon

7. fraises, cerises, haricots verts

8. oignon, orange, salade

Culture

31 Write **vrai** if the following statements are true, and **faux** if they are false. Refer to the **Points de départ** in **Leçon C**.

1. Les marchés ont lieu deux fois par semaine. _____

2. On peut acheter des produits régionaux. _____

3. On ne trouve pas de spécialités étrangères. _____

4. On trouve aussi des produits bio. _____

5. On ne trouve pas de pain et de gâteaux. _____

6. Le marché est moins cher que les supermarchés. _____

7. Les souks sont des marchés en Afrique du Sud. _____

8. On trouve des produits alimentaires et artisanaux dans les souks. _____

9. On trouve un mari ou une femme au souk. _____

Nom et prénom: _____ Classe: _____ Date: _____

32 Fill out the chart below about the **mouvement slow food**. Refer to the **Points de départ** in **Leçon C**.

Origine:	Date du mouvement:
Donnez trois exemples de produits régionaux.	Qu'est-ce qu'une alimentation diversifiée?
Donnez deux exemples de traditions gastronomiques en France.	

Nom et prénom: _____ Classe: _____ Date: _____

Structure

33 Rewrite the sentences below, using the verb **acheter** and the partitive articles **du**, **de la**, or **de l'**. Follow the **modèle**.

> MODÈLE   J'aime le melon.
> **J'achète du melon.**

1. Nous aimons la glace.
   _____

2. Monique aime le porc.
   _____

3. Charles aime l'Orangina.
   _____

4. Ahmed et Chadia aiment le poulet.
   _____

5. Vous aimez la vanille, Mme Dujardin?
   _____

6. Jules et toi, vous aimez le yaourt.
   _____

7. Moi, j'aime l'eau minérale.
   _____

8. Toi, tu aimes la pizza, n'est-ce pas?
   _____

Nom et prénom: _____ Classe: _____ Date: _____

34 Answer the following questions using the partitive articles **du**, **de la**, or **de l'**, or the indefinite article **des**. Follow the **modèle**.

>**MODÈLE** Qu'est-ce que tu manges? (salade)
>**Je mange de la salade.**

1. Qu'est-ce que vous prenez? (glace)
   _____

2. Qu'est-ce que vous achetez? (pain, eau minérale, et pommes de terre)
   _____

3. Qu'est-ce que tu veux? (carottes, haricots verts, et poulet)
   _____

4. Qu'est-ce qu'ils mangent? (cerises et fraises)
   _____

5. Qu'est-ce qu'ils prennent? (légumes et fruits frais)
   _____

6. Qu'est-ce que vous achetez? (soupe, courgettes, pêches, et coca)
   _____

Nom et prénom: _____ Classe: _____ Date: _____

35 Complete the following dialogue with the correct articles. You may or may not need a partitive article.

-Vous avez (1) _____ cerises?

-Pas aujourd'hui, mais nous avons (2) _____ tartes aux fraises.

-Non merci, je n'aime pas (3) _____ fraises, mais j'aime (4) _____ ananas. Je voudrais (5) _____ petits gâteaux aux ananas, s'il vous plaît.

-Très bien. Et quoi d'autre? (6) _____ fromage?

-Vous vendez (7) _____ camembert? J'adore (8) _____ camembert.

-Oui, monsieur. Vous prenez aussi (9) _____ jus de fruit?

-Non merci, (10) _____ eau minérale, s'il vous plaît.

36 You have just received the school cafeteria's menu for this week. Say what you will eat for each day.

MODÈLE   lundi: salade, bœuf, fruits
Lundi, nous allons manger de la salade, du bœuf, et des fruits.

1. mardi: jambon, frites, glace
_____

2. mercredi: saucisson, pâtes, confiture
_____

3. jeudi: courgettes, poulet, melon
_____

4. vendredi: pommes de terre, quiche, gâteau au chocolat
_____

Nom et prénom: _____ Classe: _____ Date: _____

37 Answer the following sentences in the negative. Follow the **modèle**.

> **MODÈLE** Tu achètes du pain?
> **Non, je n'achète pas de pain.**

1. Vous avez de la tarte aux fraises?
   _____

2. Tu veux du coca?
   _____

3. Tu prends des fruits?
   _____

4. Vous mangez de la salade?
   _____

5. Vous prenez du café?
   _____

6. Tu as des ananas?
   _____

7. Vous voulez des pommes de terre?
   _____

8. On prend du jus d'orange?
   _____

Nom et prénom: _____ Classe: _____ Date: _____

38 Complete the sentences to say what the following stores sell and do not sell, according to the illustrations. Follow the **modèle**.

MODÈLE

La charcuterie **vend du poulet.**
La charcuterie **ne vend pas de pain.**

1.

2.

3.

4.

5.

1. L'épicerie _____

2. La boulangerie _____

3. La crémerie _____

4. Le marché _____

5. Carrefour _____

Nom et prénom: _____ Classe: _____ Date: _____

Unité 7: À la maison

Leçon A
Vocabulaire

1 Identify the rooms and the floor numbers in the illustration below.

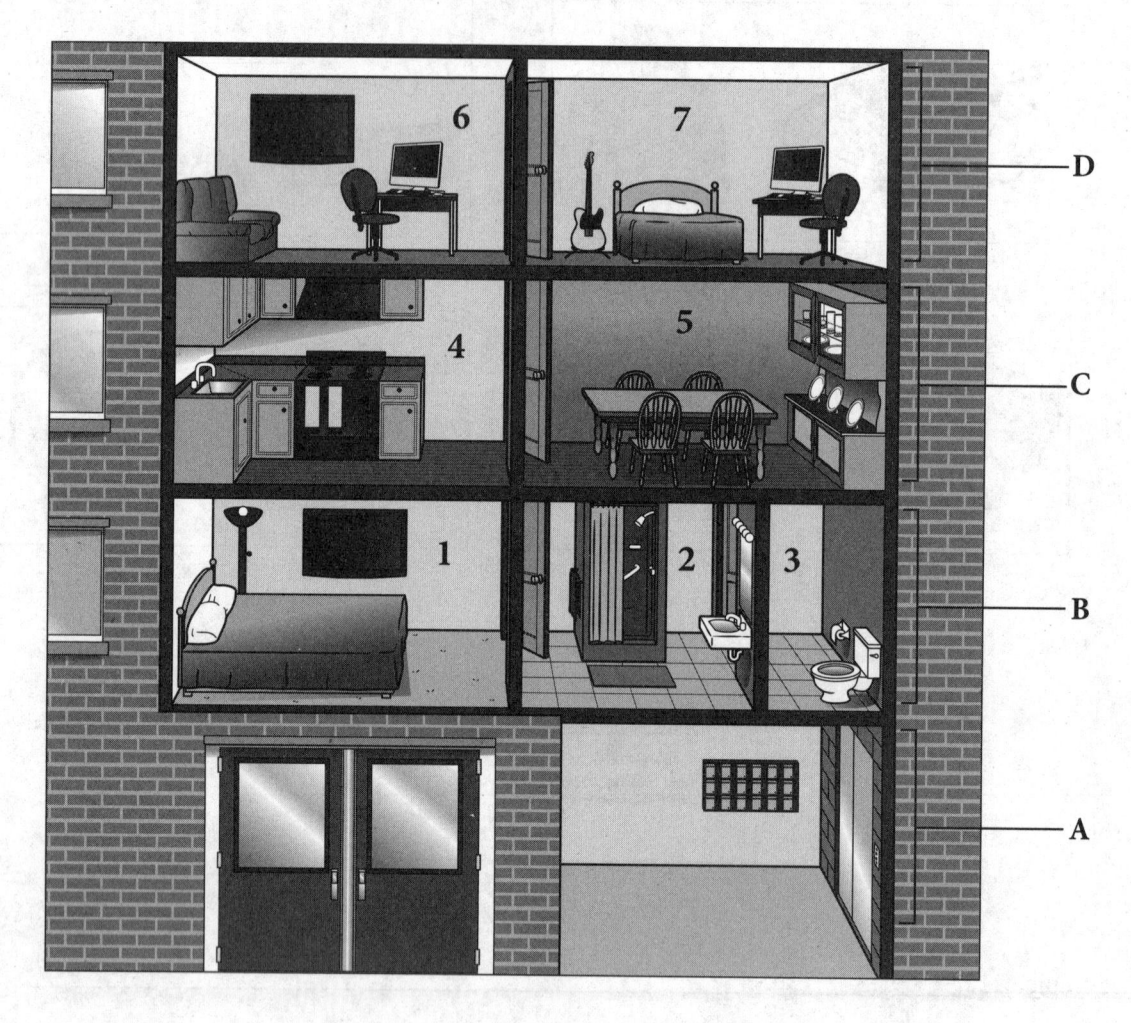

1. _____ A. _____
2. _____ B. _____
3. _____ C. _____
4. _____ D. _____
5. _____
6. _____
7. _____

172 Unité 7, Leçon A *T'es Branché?*, Workbook © EMC Publishing, LLC

Nom et prénom: _____ Classe: _____ Date: _____

2 Decide whether the following items belong in the kitchen or the living room.

une cuisinière   une lampe   une table   un tapis   un évier   un frigo
un fauteuil   un micro-onde   un four   un placard   un canapé

la cuisine: _____
_____

la salle de séjour: _____
_____

3 Fill in the blanks using the word bank below. You will use each word only once.

tapis   appartement   pièces   salon   immeuble   chaises
ville   canapé   table   chambre   étages   fauteuil

L'appartement de ma sœur est dans une (1) _____ sympa, Marseille.

C'est un très grand (2) _____ : il y a dix (3) _____.

L' (4) _____ de ma sœur a quatre (5) _____, une

(6) _____ pour elle et son mari, et une pour ses deux enfants. Il y a un

grand (7) _____, un petit (8) _____ moderne et un

(9) _____ algérien dans le (10) _____. Dans la cuisine,

il y a une grande (11) _____ bleue avec des (12) _____

jaunes. Les enfants aiment faire leurs devoirs quand maman fait la cuisine.

4 On a separate sheet of paper, draw a floor plan of your house or apartment and label each room in French. In each room, draw and label three pieces of furniture. Finally, write a sentence describing each room and its contents.

MODÈLE   **Dans la salle à manger, il y a un micro-onde, une table, et six chaises.**

Nom et prénom: _____ Classe: _____ Date: _____

5 Answer the following questions in French about your own house. Make sure to use complete sentences.

1. Combien de pièces est-ce qu'il y a chez toi?
   _____

2. Dans quelle pièce est-ce qu'il y a une télé?
   _____

3. Comment est le salon?
   _____
   _____

4. Les toilettes sont où?
   _____

5. Qu'est-ce qu'il y a dans la cuisine?
   _____

6. Comment est ta chambre?
   _____
   _____

7. Dans quelle pièce aimes-tu faire tes devoirs?
   _____

8. Dans quelle pièce aimes-tu écouter de la musique?
   _____

Nom et prénom: _____ Classe: _____ Date: _____

6 Write a paragraph describing your favorite room in your house. Use adjectives to create your description, and mention at least eight objects or pieces of furniture. Say what you like about this room and what you do there. Write a minimum of eight sentences.

_____
_____
_____
_____
_____
_____
_____
_____
_____
_____
_____
_____
_____
_____

Culture

7 Write the noun that matches each of the definitions below. Refer to the **Points de départ** in **Leçon A**.

1. une habitation bon marché _____

2. une grande tente en Algérie _____

3. quand on habite avec un ami _____

4. une maison algérienne autour (*surrounding*) d'un patio _____

5. une grande maison en terre (*earth*) au Maghreb _____

Nom et prénom: _____ Classe: _____ Date: _____

8 Conduct online research to fill out the profile of Algeria below.

L'Algérie	
Situation géographique:	Situation historique:
Économie:	Langue:
Musique (citez deux musiciens ou chanteurs):	Littérature (citez deux écrivains):

9 Research online the Algerian authors below. Choose a book by each author, and write a brief summary for each one.

1. Kateb Yacine _____
   _____.

2. Yasmina Khadra _____
   _____.

3. Boualem Sansal _____
   _____.

4. Karim Daoud _____
   _____.

5. Assia Djebar _____
   _____.

Nom et prénom: _____ Classe: _____ Date: _____

Structure

10 Ten students tried out for the tennis team this year, and the coach, Monsieur Lafonte, ranked them as follows. Write a sentence stating each ranking. Follow the **modèle**.

MODÈLE Justine: 4
Justine est quatrième.

1. Nicolas: 5 _____

2. Myriam et Ahmed: 7 _____

3. Antoine: 1 _____

4. Christian: 10 _____

5. Khalid: 8 _____

6. Danielle: 2 _____

7. Pierre-Alain: 3 _____

8. Marianne: 9 _____

9. Sid: 6 _____

11 Karim and Sarah are looking at pages of a photo album together. Complete the dialogue by spelling out each of the ordinal numbers.

Karim: Sur la (1) _____, c'est moi à 9 ans.

Sarah: Et là sur la (3) _____, c'est encore toi?

Karim: Oui, et là sur la (5) _____, je suis beau?

Sarah: Tu es bien beau sur la (7) _____.

Karim: Mais tu ne me vois pas, là, sur la (2) _____.

Sarah: Sur la (2) _____? Non, tu es où?

Karim: Je n'y suis pas mais je suis sur la (4) _____.

Sarah: Et sur la (6) _____ tu es où?

© EMC Publishing, LLC   *T'es Branché?*, Workbook   Unité 7, Leçon A   **177**

Nom et prénom: _____ Classe: _____ Date: _____

12 This apartment building houses an entire extended family. Use the illustration to complete the sentences below, making sure to spell out each ordinal number.

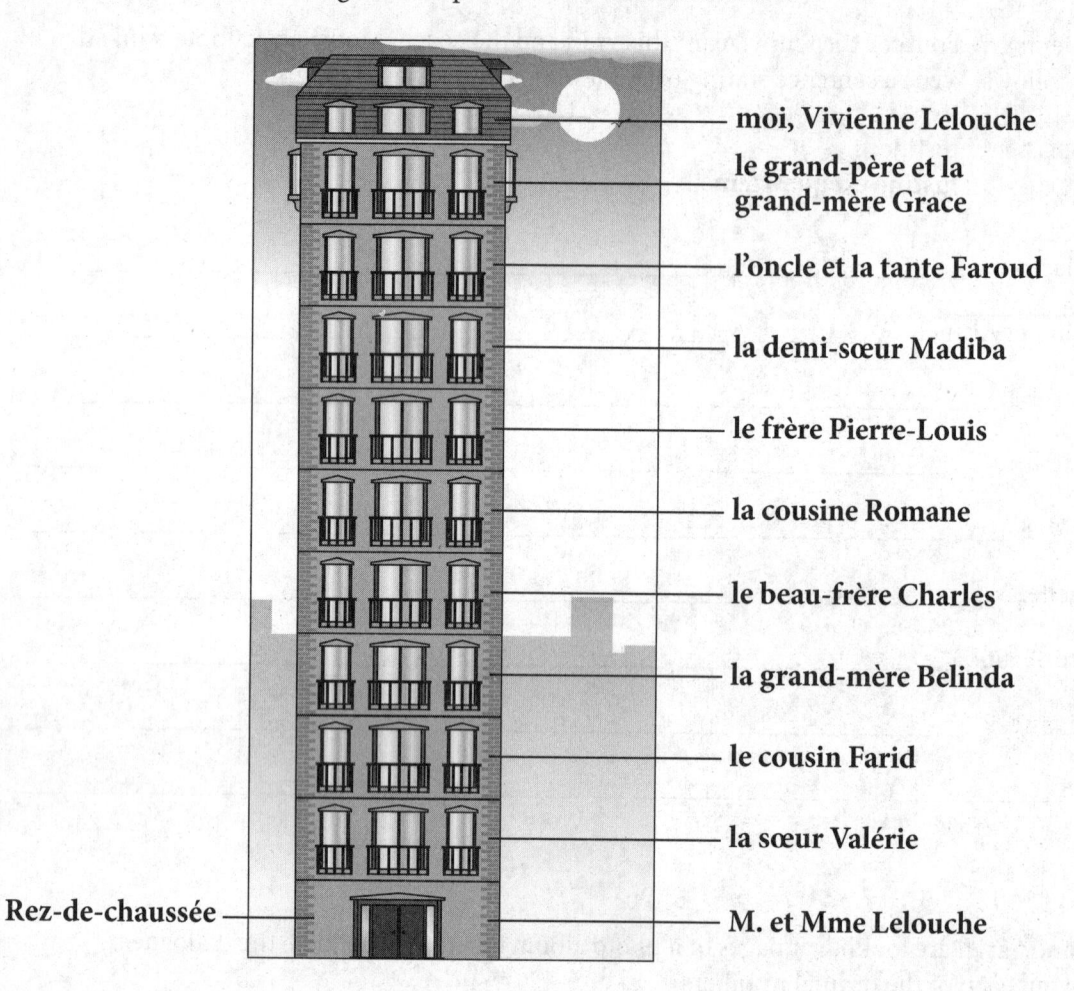

- moi, Vivienne Lelouche
- le grand-père et la grand-mère Grace
- l'oncle et la tante Faroud
- la demi-sœur Madiba
- le frère Pierre-Louis
- la cousine Romane
- le beau-frère Charles
- la grand-mère Belinda
- le cousin Farid
- la sœur Valérie
- M. et Mme Lelouche

Rez-de-chaussée

Toute ma famille habite dans le même immeuble: Au (1) _____,

il y a ma sœur Valérie. Mes parents habitent au (2) _____.

Mon grand-père et ma grand-mère favoris habitent au (3) _____

étage. Mon autre grand-mère habite au (4) _____ étage. Mon frère

Pierre-Louis est au (5) _____ étage. Mon cousin est au

(6) _____ et ma cousine au (7) _____.

Mon beau-frère est au (8) _____ étage. Mon oncle et ma tante

sont au (9) _____ étage, au dessus de ma demi-sœur, au

(10) _____. Ah, et moi, bien sûr, j'habite au

(11) _____ étage!

178 Unité 7, Leçon A   *T'es Branché?*, Workbook   © EMC Publishing, LLC

Nom et prénom: _____ Classe: _____ Date: _____

13 Imagine that you are in France for ten days visiting your friend. Write a sentence to say what you do each day. Follow the **modèle**.

    MODÈLE   **Le premier jour, je vois ma famille française pour la première fois.**

1. _____
2. _____
3. _____
4. _____
5. _____
6. _____
7. _____
8. _____
9. _____
10. _____

T'es Branché?, Workbook

Nom et prénom: _____ Classe: _____ Date: _____

Leçon B
Vocabulaire

14 Write the name of each object pictured below.

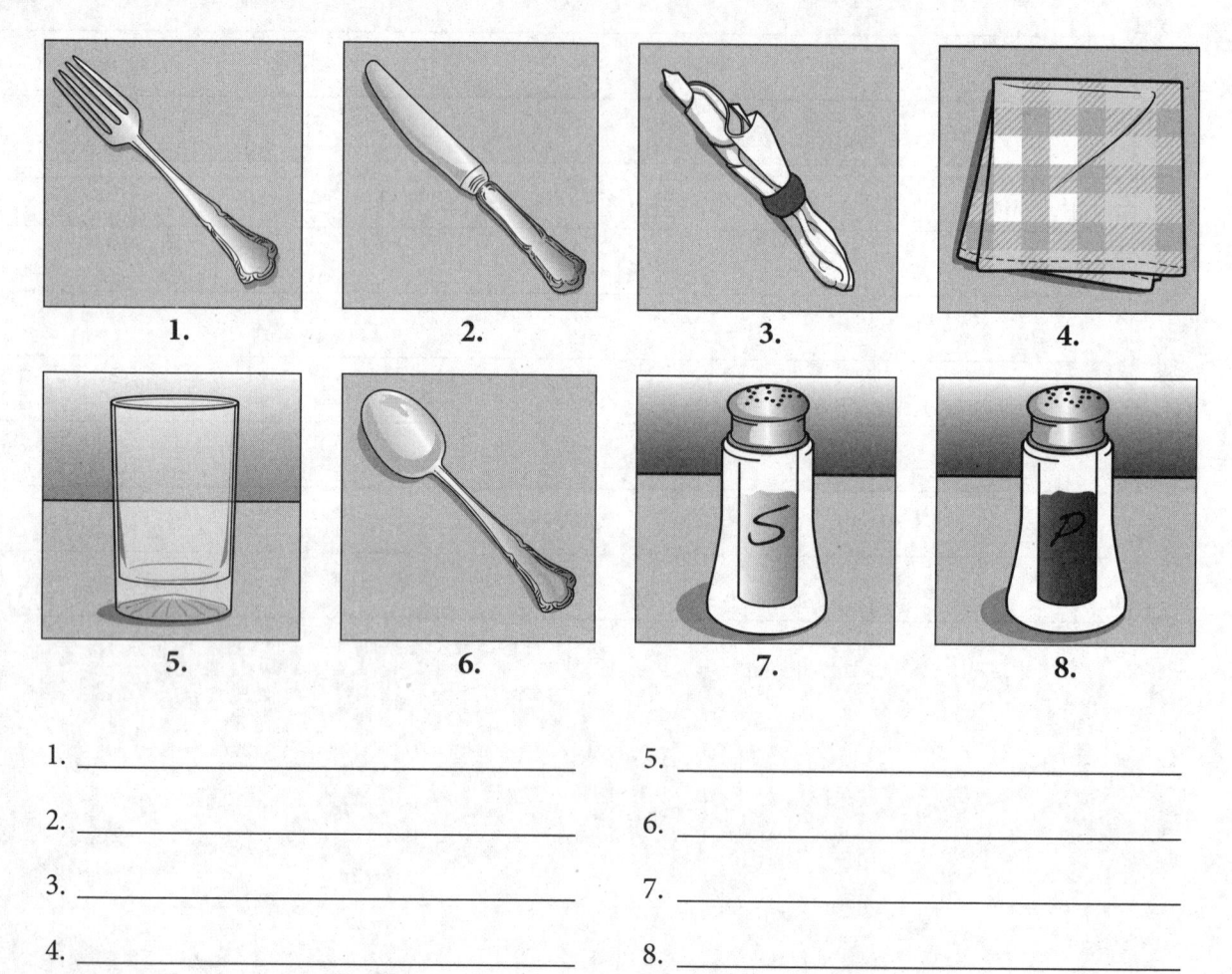

1. _____
2. _____
3. _____
4. _____
5. _____
6. _____
7. _____
8. _____

15 Circle the word that does not fit in each of the following groups.

1. une fourchette, une cuillère, une assiette

2. une tasse, le sucre, un verre

3. le sucre, le sel, le poivre

4. une serviette, une nappe, un bol

5. une assiette, une serviette, un bol

6. une cuillère, une tasse, le poivre

7. le dîner, le déjeuner, le goûter

Nom et prénom: _____ Classe: _____ Date: _____

16 Answer the questions to describe where each item is located on the table.

MODÈLE   Où est le couteau par rapport (*in relation to*) à l'assiette?
Le couteau est à droite de l'assiette.

1. Où est la fourchette par rapport à l'assiette?
   _____

2. Où est l'assiette par rapport à la nappe?
   _____

3. Où est la serviette par rapport à l'assiette?
   _____

4. Où est le couteau par rapport à l'assiette?
   _____

5. Où est la tasse par rapport au couteau?
   _____

6. Où est la cuillère par rapport à l'assiette?
   _____

7. Où est la nappe par rapport à la table?
   _____

Nom et prénom: _____ Classe: _____ Date: _____

17 Say what objects (dishes, silverware, condiments, etc.) you need to eat or drink each of the following things. Follow the **modèle**.

    MODÈLE   un gâteau
                     J'ai besoin d'une assiette et d'une fourchette.

1. de la soupe
_____

2. des spaghetti
_____

3. un yaourt
_____

4. un steak-frites
_____

5. un coca
_____

6. une salade
_____

7. du café
_____

8. un hamburger
_____

Nom et prénom: _____ Classe: _____ Date: _____

Culture

18 Fill in the following profile of Marseille. Refer to the **Points de départ** in **Leçon B**.

Marseille	
Situation géographique (pays et région):	Activités économiques:
Pays d'origine des immigrés:	Spécialités de la région:
Personnes célèbres:	Chanson nationale:

19 Find a recipe for a regional dish of Provence, and write the list of ingredients you would need to prepare it.

Nom de la recette: _____
Ingrédients:
_____
_____
_____
_____
_____
_____
_____

Nom et prénom: _____ Classe: _____ Date: _____

20 Write a note in French to your best friend, using slang from your **dico provençal** in **Leçon B**. Your note should be at least five sentences long.

_____
_____
_____
_____
_____
_____
_____
_____

Structure

21 Complete the sentence below with the appropriate comparative words. You may express your personal opinion for some questions.

    MODÈLE   Le petit déjeuner est **plus** petit **que** le déjeuner.

1. La soupe de tomate est _____ délicieuse _____ la pizza.

2. Un ordinateur est _____ cher _____ un lecteur de DVD.

3. Les filles sont _____ intelligentes _____ les garçons.

4. Le port de Marseille est _____ grand _____ le port de Bordeaux.

5. La salade est _____ élégante _____ la salade niçoise.

6. Les crêpes sont _____ françaises _____ les hamburgers.

Nom et prénom: _____ Classe: _____ Date: _____

22 Lucie is comparing members of her family. Imagine what her family is like and write sentences to compare her family members.

MODÈLE   ma grand-mère/charmant/ma mère
Ma grand-mère est aussi charmante que ma mère.

1. ma cousine/génial/mon cousin
   _____

2. ma tante/généreux/mon oncle
   _____

3. ma grand-mère/intelligent/mon grand-père
   _____

4. mon frère/intéressant/maسur
   _____

5. je/sympa/mon père
   _____

6. ma mère/énergique/ma tante
   _____

7. mon oncle/drôle/mon grand-père
   _____

23 Use the correct form of the verb **devoir** in the sentences below.

1. Qu'est-ce que je _____ faire?

2. Tu _____ préparer le déjeuner.

3. Qu'est-ce qu'elle _____ étudier?

4. Vous _____ étudier votre leçon de français.

5. Qu'est-ce que nous _____ envoyer à grand-père?

6. Ils _____ acheter du café au supermarché.

7. Qu'est-ce que vous _____ visiter à Marseille?

8. On _____ mettre la fourchette à gauche de l'assiette.

Nom et prénom: _____ Classe: _____ Date: _____

24 Say that the following people must not do the following things. Use the correct form of the verb **devoir**.

MODÈLE   Pierre/arriver en retard
Pierre ne doit pas arriver en retard.

1. Léo et Ben/parler en classe

2. Fatima et Aïcha/envoyer des textos

3. nous/faire la cuisine

4. tu/apprendre le vocabulaire

5. je/sortir le soir

6. elles/participer aux discussions

7. le professeur/apprendre les leçons

8. toi et moi/dormir pendant le cours

Nom et prénom: _____ Classe: _____ Date: _____

25 Use the phrases below to give advice to the following people. Use the correct form of the verb **devoir**.

apprendre à faire la cuisine   apprendre la musique   envoyer des invitations
beaucoup étudier   faire beaucoup de sport   préparer des menus
avoir un ordinateur   manger des fruits et des légumes   apprendre l'espagnol

MODÈLE   Tu veux devenir un bon athlète.
Tu dois faire beaucoup de sport.

1. Ta copine veut devenir chanteuse.
   _____

2. Ton frère veut devenir professeur.
   _____

3. Tes cousins veulent ouvrir un restaurant français.
   _____

4. Nous voulons surfer sur Internet.
   _____

5. Ta sœur veut habiter en Espagne.
   _____

6. Je veux maigrir.
   _____

7. On veut organiser une teuf.
   _____

8. Mathilde veut faire une bouillabaisse.
   _____

Nom et prénom: _____ Classe: _____ Date: _____

26 Complete the following sentences with the correct form of the verb **mettre**.

1. Qui _____ la table aujourd'hui?
2. Nous ne _____ pas de pull; il fait trop chaud.
3. Le père et la mère de Djamel _____ un film.
4. On ne _____ pas de bottes pour jouer au foot!
5. Vous _____ un chapeau en hiver parce qu'il fait froid.
6. Je _____ assez de moutarde sur mon hot-dog.
7. Est-ce que nous _____ nos devoirs sur la table?
8. Vraiment? Tu _____ un pantalon violet pour aller à la teuf?

27 Answer the following questions using the appropriate form of the verb **mettre**.

1. Qu'est-ce que tu mets pour aller à la teuf de tes amis?
   _____

2. Où mets-tu les cuillères pour le dîner?
   _____

3. Qu'est-ce que les élèves mettent pour la classe d'EPS?
   _____

4. Qu'est-ce que tes amis et toi mettez pour sortir en ville?
   _____

5. Où est-ce que les Français mettent les verres sur la table?
   _____

6. Qu'est-ce que mon amie et moi mettons pour aller à la piscine?
   _____

7. En France, qu'est-ce qu'on met à droite de l'assiette?
   _____

8. Qu'est-ce que ta mère met quand vous mangez de la soupe?
   _____

Nom et prénom: _____ Classe: _____ Date: _____

Leçon C
Vocabulaire

28 Write the name of each of the items in Patrick's bedroom.

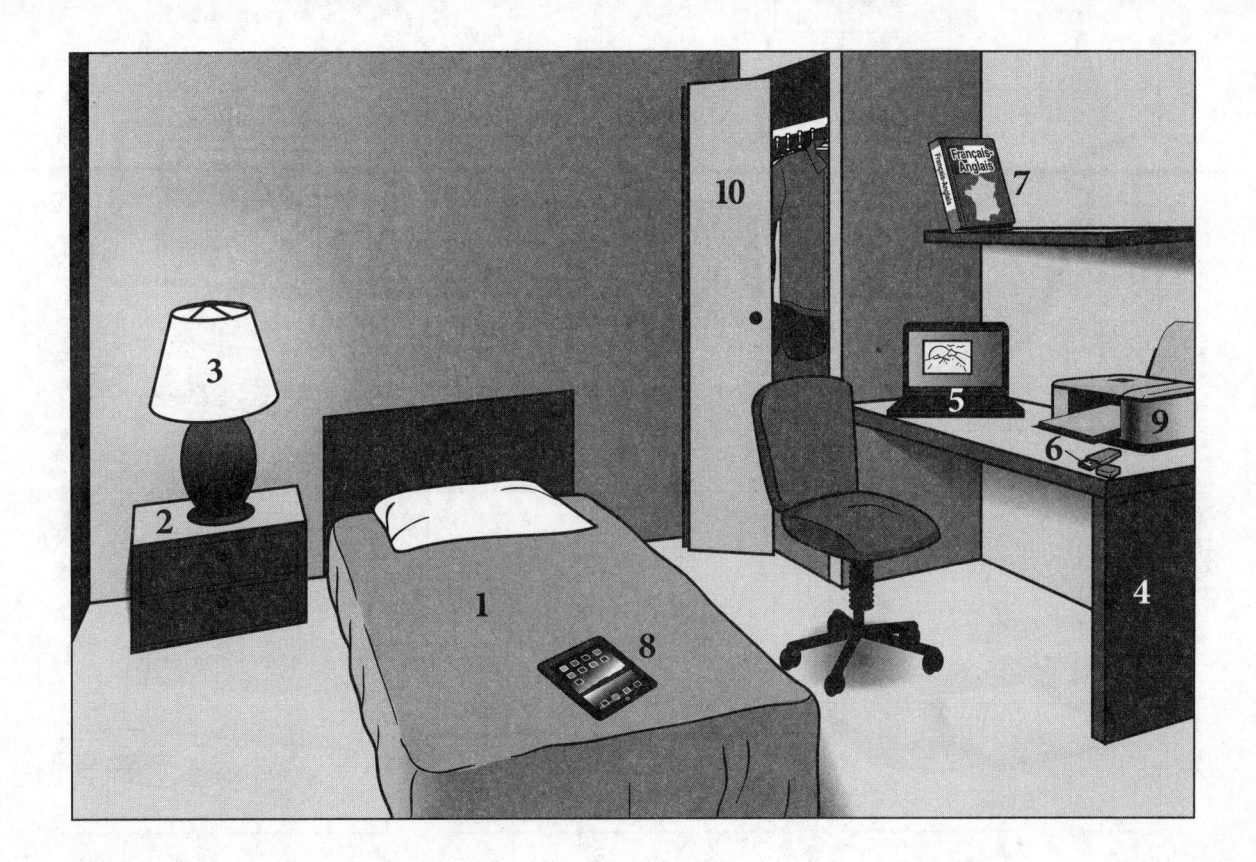

1. _____
2. _____
3. _____
4. _____
5. _____
6. _____
7. _____
8. _____
9. _____
10. _____

Nom et prénom: _____ Classe: _____ Date: _____

29 Identify the following computer-related items.

MODÈLE   un logiciel

1.
2. 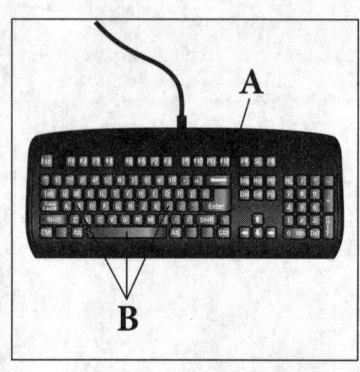
3. 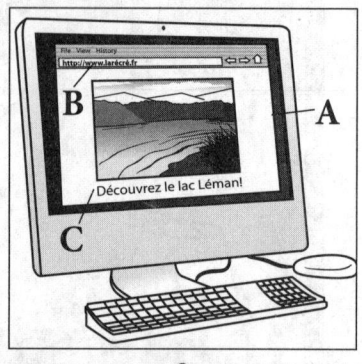
4. 
5. 
6. 

1. _____
2A. _____
2B. _____
3A. _____
3B. _____
3C. _____
4. _____
5. _____
6. _____

Nom et prénom: _____ Classe: _____ Date: _____

30 Draw lines to match the verb in the left column with the noun in the right column to describe computer operations.

1. fermer   A. la souris
2. naviguer sur   B. un mail
3. télécharger   C. l'ordinateur
4. synchroniser   D. un film
5. démarrer   E. le site web
6. cliquer avec   F. le lecteur MP3
7. cliquer sur   G. un lien
8. lire   H. le logiciel

31 Put the following sentences in the correct order from 1–9.

A. Je télécharge le film. _____

B. Je démarre mon ordinateur. _____

C. Je clique avec la souris. _____

D. Je navigue sur le site. _____

E. Je regarde le film. _____

F. Je synchronise mon lecteur. _____

G. Je ferme l'ordinateur. _____

H. Je trouve un film. _____

I. J'ouvre le logiciel. _____

Nom et prénom: _____ Classe: _____ Date: _____

32 Answer the following questions in French. Write complete sentences.

1. Qu'est-ce que tu télécharges sur ton ordinateur?
   _____

2. Comment s'appelle ton logiciel préféré?
   _____

3. Pourquoi est-ce que tu surfes sur Internet?
   _____

4. Sur combien de liens est-ce que tu cliques pour télécharger une chanson?
   _____

5. Qu'est-ce que tu fais avec une clé USB?
   _____

6. Tu as une imprimante chez toi?
   _____

7. Tu utilises l'ordinateur pour faire des recherches pour ton travail scolaire?
   _____

8. Tu fais tes devoirs sur ton ordinateur? Pourquoi?
   _____

9. Combien d'heures par jour passes-tu sur Internet?
   _____

10. Est-ce que tes amis téléchargent souvent des films en ligne?
    _____

Nom et prénom: _____ Classe: _____ Date: _____

Culture

33 Use the charts below to compare your family with French families. Fill out the first chart according to the **Points de départ** in **Leçon C**, and fill out the second chart based on your own family. Then write a short comparison.

Les familles françaises			
On communique avec:	beaucoup	un peu	non
des smartphones			
des tablettes			
des ordinateurs			

Les jeunes Français passent en moyenne _____ heures par jour devant leurs écrans.

Ma famille			
On communique avec:	beaucoup	un peu	non
des smartphones			
des tablettes			
des ordinateurs			

Je passe en moyenne _____ heure(s) par jour devant mon écran.

Résultats de ma comparaison

Nom et prénom: _____ Classe: _____ Date: _____

34 Refer to the **Points de départ** in **Leçon C** to correct the following sentences.

1. Les habitants de la Louisiane s'appellent les Acadiens.
   _____

2. Pendant le Grand Dérangement, les Anglophones sont chassés par les Francophones.
   _____

3. Le Québec est une province officiellement bilingue.
   _____

4. Aujourd'hui, les anciens Acadiens s'appellent les Québécois.
   _____

5. La population du Nouveau-Brunswick est une population indigène.
   _____

6. Il y a des Cajuns au nord des États-Unis dans l'état de New York.
   _____

Structure

35 Complete the following sentences using the correct form of the verb **pouvoir**.

1. _____-vous cliquer sur le lien?

2. Non, je ne _____ pas.

3. _____-tu télécharger ce film?

4. Oui, je _____ le faire.

5. Les Français _____ acheter des vêtements en ligne sur le site de Carrefour?

6. Oui, ils _____.

7. _____-vous téléphoner avec Skype, chez vous?

8. _____-on acheter un nouvel ordinateur, papa?

Nom et prénom: _____ Classe: _____ Date: _____

36 Use the information from the office supplies website below to say whether each person can afford the item(s) they desire or not, using the verb **pouvoir**.

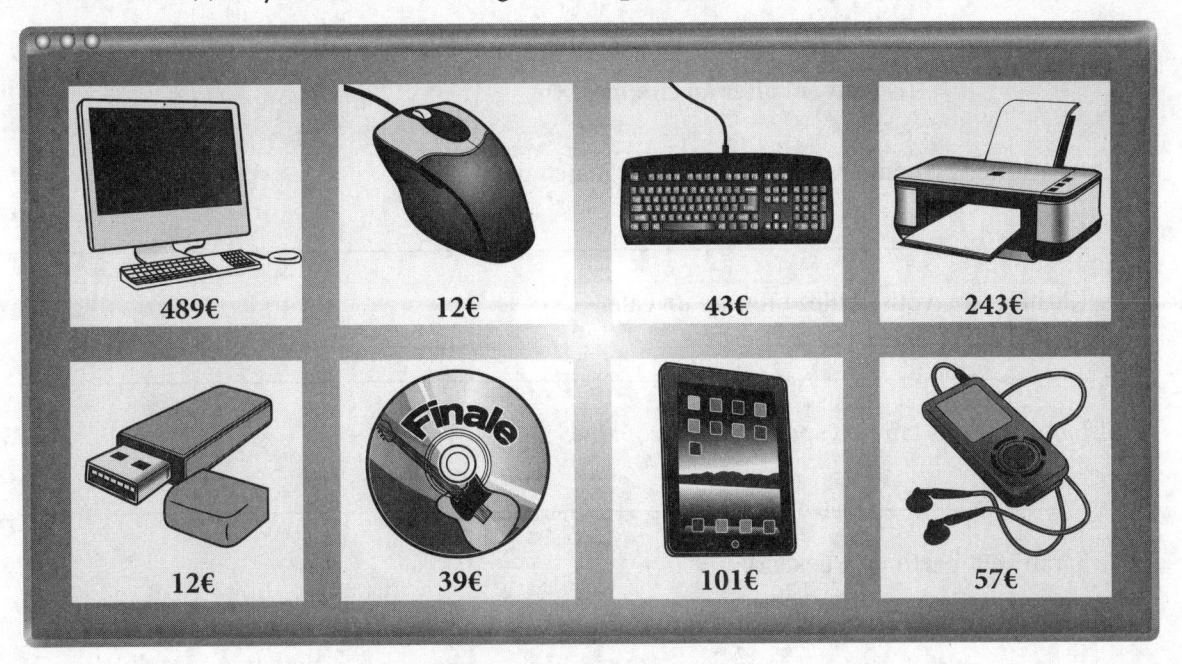

489€   12€   43€   243€

12€   39€   101€   57€

MODÈLE Nous avons 10 euros; nous voulons acheter une souris.
Nous ne pouvons pas acheter une souris.

1. Rahina a 15 euros; elle veut acheter une souris.

   _____

2. Lucie a un billet de 500 euros; elle voudrait acheter un ordinateur.

   _____

3. Les petits Michaux ont trois billets de 20 euros; ils veulent acheter une tablette.

   _____

4. Ma sœur et moi, nous avons 50 euros; nous voulons acheter un lecteur MP3.

   _____

5. Mes frères et moi, nous avons 70 euros; nous voulons acheter un clavier et une clé USB.

   _____

6. M. et Mme Racette ont deux billets de 20 euros; ils veulent acheter une nouvelle souris pour leur ordinateur.

   _____

7. Tu as 20 euros; tu veux acheter un logiciel.

   _____

Nom et prénom: _____ Classe: _____ Date: _____

37 Suggest an activity, based on what the people below want to do. Use the correct form of the verb **pouvoir**.

MODÈLE Maxime et Pierre veulent voir un film.
Ils peuvent aller au cinéma.

1. Charlotte et Noémie veulent aller voir le match de football.
   _____

2. Karim et toi, vous voulez prendre un café.
   _____

3. Nous voulons faire du sport avec tes copains.
   _____

4. Sarah veut partir en weekend.
   _____

5. Sarah et Yasmine ne veulent pas regarder la télévision ce soir.
   _____

6. Jean-Luc veut préparer le dîner.
   _____

7. Moi, je veux être meilleur en français.
   _____

8. Et toi, qu'est-ce que tu veux faire? Qu'est-ce que tu peux faire?
   _____

Nom et prénom: _____ Classe: _____ Date: _____

38 Survey ten classmates to see what young people your age can or cannot do at home on a school night. Record the questions and answers in French in the chart below. Then, on a separate sheet of paper, write the results of your survey. For example: **Soixante pour cent des ados peuvent surfer sur Internet après le dîner, mais quarante pour cent ne peuvent pas.**

	Questions	Nombre de réponses positives	Nombre de réponses négatives
1.	Est-ce que toi et tes frères etسœurs pouvez surfer sur Internet après le dîner?		
2.			
3.			
4.			
5.			

© EMC Publishing, LLC　　　*T'es Branché?*, Workbook　　　Unité 7, Leçon C

Nom et prénom: _____ Classe: _____ Date: _____

Unité 8: À Paris

Leçon A
Vocabulaire

1 Write the correct expression based on each weather icon.

Il fait beau.　　Il fait frais.　　Il pleut.　　Il fait du soleil.　　Il neige.

Il fait du vent.　　Il fait chaud.　　Il fait mauvais.　　Il fait froid.

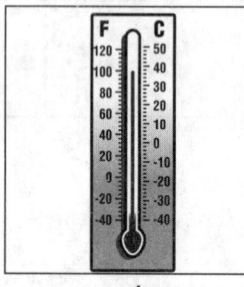

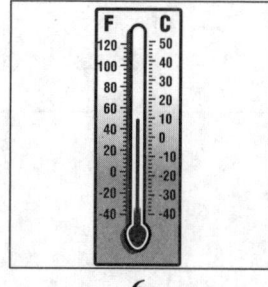

1. _____　　6. _____

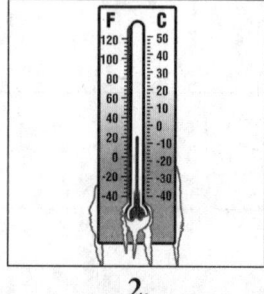

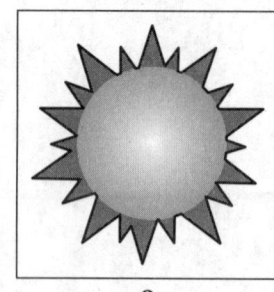

2. _____　　7. _____

3. _____　　8. _____

4. _____　　9. _____

5. _____

Nom et prénom: _____ Classe: _____ Date: _____

2 Complete each sentence with the season in which the weather most commonly occurs.

1. Il neige _____
2. Il fait du soleil _____
3. Il fait du vent _____
4. Il pleut _____
5. Il fait chaud _____
6. Il fait froid _____
7. Il fait frais _____
8. Il fait mauvais _____
9. Il fait beau _____

3 Answer the following questions in French, using complete sentences.

1. Quel temps fait-il en automne, chez vous?
   _____

2. Quel temps fait-il quand on fait du ski?
   _____

3. Quel temps fait-il en août quand tu vas à la piscine?
   _____

4. Quel temps fait-il en décembre dans ta région?
   _____

5. Quel temps fait-il quand tu portes un short et un tee-shirt?
   _____

6. Quel temps fait-il quand tu as besoin d'un parapluie (*umbrella*)?
   _____

Nom et prénom: _____ Classe: _____ Date: _____

4 Say what you wear or do not wear, based on the weather conditions described below. Follow the **modèle**.

    MODÈLE   frais/mettre un manteau
                    Quand il fait frais, je mets un manteau.

1. neiger/mettre un chapeau
   _____

2. soleil/mettre un maillot de bain
   _____

3. froid/mettre un short
   _____

4. soleil/mettre un manteau
   _____

5. pleuvoir/mettre des bottes
   _____

6. vent/porter un chapeau
   _____

7. mauvais/mettre une jupe
   _____

8. frais/mettre un pantalon
   _____

9. chaud/mettre des bottes
   _____

Nom et prénom: _____ Classe: _____ Date: _____

5 Answer the following questions. Follow the **modèle**.

    MODÈLE   Quelle est la température? (17)
                    La température est de 17 degrés Celsius.

1. Quelle est la température? (13)
   _____

2. Quelle est la température? (10)
   _____

3. Quelle est la température? (7)
   _____

4. Quelle est la température? (21)
   _____

5. Quelle est la température? (-9)
   _____

6. Quelle est la température? (12)
   _____

7. Quelle est la température? (30)
   _____

8. Quelle est la température? (14)
   _____

Nom et prénom: _____ Classe: _____ Date: _____

6 There are two ways to give the temperature in French. Rephrase the way the temperatures are given in the following sentences. Follow the **modèles**.

MODÈLES   La température est de 22 degrés Celsius.
Il fait 22 degrés Celsius.

Il fait 22 degrés.
La température est de 22 degrés.

1. Il fait 18 degrés aujourd'hui.

_____

2. La température est de 6 degrés Celsius à Paris.

_____

3. La température est de 25 degrés à Toulouse.

_____

4. La température est de 2 degrés Celsius en hiver à Lyon.

_____

5. Il fait 15 degrés aujourd'hui; il fait beau.

_____

6. Il fait 25 degrés Celsius au Sénégal.

_____

7. Il fait très froid, la température est de -5 degrés!

_____

8. Il fait 11 degrés au printemps.

_____

Nom et prénom: _____ Classe: _____ Date: _____

7 Write the sound each animal makes.

1.
2.
3.
4.
5.

1. _____ 4. _____
2. _____ 5. _____
3. _____

8 Write the name of the animal that corresponds to each of the following descriptions.

1. Il aime le lait et il préfère dormir en hiver. _____

2. Il mange des carottes, des pommes, et du pain. _____

3. Il nage dans l'eau mais pas dans la piscine! _____

4. Il est très petit mais il ne nage pas. _____

5. Il est fort et n'aime pas les chats. _____

Nom et prénom: _____ Classe: _____ Date: _____

Culture

9 Lists places in Paris you would like to visit, categorizing them below. Refer to the **Points de départ** in **Leçon A**.

1. quels monuments j'aimerais voir _____
_____

2. quels musées j'aimerais visiter _____
_____

3. dans quels quartiers j'aimerais me promener _____
_____

4. où je voudrais aller faire du shopping _____
_____

10 Complete the following sentences, based on the information in the **Points de départ** in **Leçon A**.

1. On achète des macarons dans des _____.

2. La tarte Bourdaloue est une tarte aux _____.

3. L'opéra est un _____ chocolaté.

4. On peut acheter _____ pour l'Épiphanie.

5. Le _____ a trois couches (*layers*) de pâtes feuilletées.

6. Le Saint-Honoré est une _____ avec des petites boules.

Nom et prénom: _____ Classe: _____ Date: _____

11 Fill out the following profile of Haiti.

Haïti	
Situation géographique:	Capitale:
Langues:	Particularité artistique:
Événement tragique:	Personnages importants:

Structure

12 Complete the following sentences by writing the correct form of the verb **faire**.

1. Qu'est-ce que tu _____ ?

2. Je _____ la cuisine.

3. Et vous, vous _____ quoi?

4. Nous _____ du sport.

5. Et les filles, qu'est-ce qu'elles _____ ?

6. Elles _____ une promenade.

7. Et papa, qu'est-ce qu'il _____ ?

8. Il _____ les courses.

Nom et prénom: _____ Classe: _____ Date: _____

13 Answer the questions affirmatively or negatively. Follow the **modèle**.

>   MODÈLE   Tu fais du sport?
>   **Oui, je fais du sport.**
>   ou
>   **Non, je ne fais pas de sport.**

1. Ton meilleur ami et toi, vous faites du patinage artistique?
   _____

2. Ta mère, elle fait de la gym?
   _____

3. Tes copines, elles font du shopping le weekend?
   _____

4. Toi, tu fais du roller?
   _____

5. Tes parents, ils font les courses ensemble?
   _____

6. Toi et ta famille, vous faites du ski en hiver?
   _____

7. Ton oncle, il fait la cuisine?
   _____

8. Toi et ton prof de français, vous faites du vélo?
   _____

Nom et prénom: _____ Classe: _____ Date: _____

14 Say what the following people are doing, according to the illustrations. Use the verb **faire**.

MODÈLE **Jacques fait ses devoirs.**
Jacques

1. Amélie
2. M. et Mme Moreau 
3. Farid et Ahmed 
4. Noémie 
5. M. Yen 
6. toi et moi 

1. _____
2. _____
3. _____
4. _____
5. _____
6. _____

© EMC Publishing, LLC   *T'es Branché?*, Workbook   Unité 8, Leçon A   **207**

Nom et prénom: _____ Classe: _____ Date: _____

15 Say what the following people are doing, based on the descriptions of their situations. Choose an expression with **faire** from the list below. Follow the **modèle**.

faire de la gym	faire les courses	faire ses devoirs	faire du footing
faire la cuisine	faire du vélo	faire du roller	faire du shopping

MODÈLE Jean a des rollers.
Il fait du roller.

1. Clara et Caroline ont faim.
   _____

2. Vous achetez des vêtements.
   _____

3. On va au cours de gym après l'école.
   _____

4. Tu as un contrôle demain.
   _____

5. Mon grand-père est athlète.
   _____

6. Je n'aime pas le roller; je préfère le vélo.
   _____

7. Nous avons besoin de lait et d'œufs.
   _____

Nom et prénom: _____ Classe: _____ Date: _____

16 Fill in the blanks with the appropriate **avoir** expression.

faim   soif   chaud   froid   envie de/d'   besoin de/d'

MODÈLE   Il est midi et j'ai **faim.**

1. Tu as _____ un stylo pour écrire!

2. Il fait 20 degrés Celsius. Nous avons _____.

3. Tu as _____ aller au cinéma?

4. En hiver, les chevaux ont _____.

5. Alice veut nager. Elle a _____ un maillot de bain.

6. Toi et moi, nous avons _____ voyager en Louisiane.

7. Patrick fait la cuisine. Il a _____.

8. Vous désirez une limonade, mademoiselle? Vous avez _____?

Nom et prénom: _____ Classe: _____ Date: _____

17 Choose one of the **avoir** expressions below to respond to each of the following situations.

avoir faim avoir soif avoir chaud avoir froid avoir envie de avoir besoin de

MODÈLE Il fait 40° Celsius.
J'ai chaud.

1. Mes parents ne sont pas à la maison.
   _____

2. Je suis très fatigué(e).
   _____

3. Ton meilleur ami te (*you*) téléphone.
   _____

4. Il y a un match de foot à la télé.
   _____

5. Il fait du soleil, et il n'y a pas de jus d'orange dans le frigo.
   _____

6. Tu es chez ton ami, et il a un super ordinateur moderne.
   _____

7. Ta mère fait une grosse quiche au jambon et une salade niçoise.
   _____

8. C'est l'hiver, et il fait très froid!
   _____

Nom et prénom: _____ Classe: _____ Date: _____

18 Choose an expression from the list below to describe people according to each situation. Follow the **modèle**.

avoir chaud   avoir froid   avoir faim   avoir soif   avoir envie de   avoir besoin de

    MODÈLE   Il fait beau, et M. Patelin aime aller au parc.
                     Il a envie de faire une promenade.

1. Il fait très chaud, et il ne fait pas de vent. Juliette n'aime pas l'été.

   _____

2. Les enfants de Mme Moen n'ont pas de manteau, et c'est l'hiver.

   _____

3. Le cheval de M. Vargas n'a pas d'eau.

   _____

4. Nous ne voulons pas regarder la télé aujourd'hui; nous voulons voir un film.

   _____

5. Khaled veut donner son numéro de téléphone à Tanya mais il n'a pas de stylo.

   _____

6. Nous sommes en hiver, et il neige. Toi et Patricia, vous n'avez pas de manteau!

   _____

7. Je n'ai pas mangé ce matin. Il est midi.

   _____

8. Il n'y a pas de fruits et légumes dans le frigo. Diana et Alex vont au supermarché.

   _____

Nom et prénom: _____ Classe: _____ Date: _____

Leçon B
Vocabulaire

19 Write each vocabulary word under the appropriate category below.

une rue	une gare	une avenue	un aéroport	un musée
une statue	une place	un restaurant	une poste	une banque
une cathédrale	un hôtel	un pont	un monument	

1. les monuments touristiques:

   un musée, _____

   _____

2. les lieux (*places*) de transport:

   une gare, _____

3. les commerces:

   un restaurant, _____

4. l'infrastructure:

   une rue, _____

Bonjour de Paris!

212   Unité 8, Leçon B   *T'es Branché?*, Workbook   © EMC Publishing, LLC

Nom et prénom: _____ Classe: _____ Date: _____

20 Complete the names of the following Parisian landmarks using vocabulary from **Leçon B**.

MODÈLE **rue** de Rivoli

1. _____ des Champs-Élysées
2. _____ de la Concorde
3. _____ du Louvre
4. _____ Nationale de Paris
5. _____ Hilton
6. _____ Roissy-Charles-de-Gaulle
7. _____ -mouche
8. _____ de Paris-Nord
9. _____ la Coupole
10. _____ -Neuf
11. _____ de la liberté
12. _____ d'Orsay

21 Draw a line from the activity in the left column to the place where it occurs in the right column.

1. prendre de l'argent   A. le restaurant
2. prendre un train   B. l'aéroport
3. réserver une chambre   C. l'hôtel de ville
4. visiter   D. l'avenue
5. prendre l'avion   E. la banque
6. marcher   F. la gare
7. prendre le déjeuner   G. l'hôtel

© EMC Publishing, LLC — *T'es Branché?*, Workbook — Unité 8, Leçon B — 213

Nom et prénom: _____ Classe: _____ Date: _____

22 Say where the following people are going, according to the descriptions. Follow the **modèle**.

MODÈLE Benjamin doit changer ses dollars en euros.
Il va à la banque.

1. On veut voir *la Joconde*.
   _____

2. La famille N'gong veut manger un dîner typiquement français.
   _____

3. Tu préfères marcher.
   _____

4. Malika et Moussa veulent se marier (*to get married*).
   _____

5. Vous devez envoyer une lettre urgente.
   _____

6. Tu es sur la rive gauche, et tu dois aller sur la rive droite.
   _____

7. Mon oncle et ma tante veulent prier (*to pray*).
   _____

8. Il est vingt-trois heures, et je veux dormir maintenant!
   _____

Nom et prénom: _____ Classe: _____ Date: _____

23 Imagine you spent a day in Paris with a charming French boy or girl named Dominique. Write a blog post describing five places you visited, and five things you did. Write six to eight sentences using the **passé composé**.

Votre nom: _____

Titre du blog: _____

[Partager]

Nom et prénom: _____ Classe: _____ Date: _____

Culture

24 *Notre-Dame de Paris* is the name of a novel, film, and musical comedy. Go online to learn more about each of these works that celebrate one of the most visited monuments in Europe. Write a brief description of each one below.

1. le roman: _____

_____

_____

_____

2. le film: _____

_____

_____

_____

3. la comédie musicale: _____

_____

_____

_____

Nom et prénom: _____ Classe: _____ Date: _____

25 Explain what the following numbers refer to in relation to the Eiffel Tower.

1. 50
   _____

2. 1889
   _____

3. 300
   _____

4. 3
   _____

5. 7 000
   _____

6. 2
   _____

Structure

26 Write the appropriate form of the verbs in parentheses in the **passé composé**.

   MODÈLE   Mon frère **a vendu** sa voiture. (vendre)

1. J'_____ des chaussures. (acheter)

2. On _____ le déjeuner. (finir)

3. Vous _____ vos amis. (attendre)

4. Tu _____ tes devoirs au prof? (donner)

5. Les filles _____. (rougir)

6. La classe d'histoire _____ un film. (voir)

7. Toi et moi, nous _____ le film. (choisir)

8. Karim et Abdel _____ de la musique. (écouter)

9. Ma meilleure amie _____ du cheval. (manger)

10. J'_____ le concert. (aimer)

Nom et prénom: _____ Classe: _____ Date: _____

27 Rewrite the following sentences in the **passé composé**.

> **MODÈLE**   Nous avons un chat gris et noir.
> **Nous avons eu un chat gris et noir.**

1. Tu regardes la télé samedi soir.
   _____

2. Nous téléphonons au prof de français ce matin.
   _____

3. Ma famille et moi, nous ne visitons pas l'hôtel de ville de Lyon.
   _____

4. Tu finis tes devoirs de biologie?
   _____

5. Patrick et Hugues n'attendent pas Damien.
   _____

6. La pâtisserie de l'avenue Mallot vend les meilleures religieuses!
   _____

7. Selena Gomez chante au palais des sports d'Orly.
   _____

8. Vous choisissez un film d'aventure?
   _____

9. On attend nos amis devant la bouche du métro.
   _____

10. Je ne choisis pas le porc.
    _____

Nom et prénom: _____ Classe: _____ Date: _____

28 Choose a word or expression from the list below to answer the following questions in the negative, using the **passé composé**. Follow the **modèle**.

marcher toute la journée	regarder *la Joconde*	dormir
attendre le train	finir le contrôle de maths	jouer au foot
acheter des croissants	regarder la Seine	attendre ma cousine

MODÈLE Les élèves de Mme Gaillot ont envoyé des cartes postales au musée du Louvre?
Non, ils n'ont pas envoyé de cartes postales au musée du Louvre. Ils ont regardé *la Joconde*.

1. Tu as choisi un nouvel ensemble au stade?
   _____
   _____

2. Tes parents ont vendu des croissants à la boulangerie?
   _____
   _____

3. Vous avez attendu la police sur le bateau-mouche?
   _____
   _____

4. Ton beau-frère a préparé le dîner à la gare?
   _____
   _____

5. Grand-mère et grand-père ont acheté des souvenirs à l'hôtel?
   _____
   _____

6. Tes amis et toi avez écouté de la musique hip-hop en classe de maths?
   _____
   _____

7. Tu as demandé des euros à l'aéroport?
   _____
   _____

8. On a fait nos devoirs dans la rue de Rivoli?
   _____
   _____

Nom et prénom: _____ Classe: _____ Date: _____

29 The French police are looking for a suspect in a crime that took place yesterday on the third floor of the Eiffel Tower. Say what each person did during that time, according to the illustrations. Then help the police identify the culprit.

MODÈLE   Jean a visité l'Arc de Triomphe.

Jean

1. Julien
2. M. et Mme Bertrand 
3. Le boucher 
4. Mademoiselle Nikita 
5. Le chien 
6. Céleste 
7. Toi et tes amis, vous 

1. _____
2. _____
3. _____
4. _____
5. _____
6. _____
7. _____
8. Nom du criminel: _____

220   Unité 8, Leçon B   *T'es Branché?*, Workbook   © EMC Publishing, LLC

Nom et prénom: _____ Classe: _____ Date: _____

30 Complete the dialogue between Léo and Lucas by filling the blanks with the appropriate forms of the verbs in parentheses in the **passé composé**.

- Super journée! On (1) _____ (prendre) le métro pour le Louvre. Mon frère et moi, nous (2) _____ (vouloir) faire du bateau-mouche sur la Seine. Magnifique! Et toi alors.... Qu'est-ce que tu (3) _____ (faire) à Paris?

- J' (4) _____ (devoir) acheter des tickets pour voir l'Arc de Triomphe puis il (5) _____ (pleuvoir). Ma copine et moi, nous (6) _____ (pouvoir) faire du shopping dans les magasins de vêtements! Le fun!

- Ah! Oui, moi j' (7) _____ (mettre) mon nouveau maillot de la boutique du Paris Saint-Germain pour voir le match de foot. Mon frère (8) _____ (voir) une fille de sa classe!

- Ah bien. Vous (9) _____ (être) contents?

- Oui, bien sûr!

Nom et prénom: _____ Classe: _____ Date: _____

31 Write the following sentences using the correct form of the verbs in the **passé composé**. Watch for irregular past participles. The first part of your sentence will be in the affirmative and the second part in the negative.

MODÈLE Je (faire la cuisine/mettre la table)
J'ai fait la cuisine, mais je n'ai pas mis la table.

1. Moussa et Karim (téléphoner à Thomas/voir un film avec lui)
   _____

2. Sarah (devoir sortir avec Jean-Paul/mettre une jolie robe)
   _____

3. Léo (offrir un livre à sa copine/pouvoir aller au restaurant)
   _____

4. Fatima et Abdoul (regarder un film/finir leurs devoirs)
   _____

5. Noémie (acheter un cadeau pour son frère/offrir le cadeau aujourd'hui)
   _____

6. Maude et moi (voir la poste/pouvoir acheter des cartes postales)
   _____

7. Julien (chanter dans les rues de Paris/avoir dix euros)
   _____

8. Moi, je (acheter un billet de cinéma/attendre le bus)
   _____

Nom et prénom: _____ Classe: _____ Date: _____

32 Place the correct form of the irregular adjective into each of the following phrases. Follow the **modèle**.

    MODÈLE   une robe (joli)
                 une jolie robe

1. un film (mauvais)
   _____

2. un hôtel (nouveau)
   _____

3. trois statues (vieux)
   _____

4. une amie (nouveau)
   _____

5. un oiseau (beau)
   _____

6. deux boutiques (grand)
   _____

7. une rue (petit)
   _____

8. deux chapeaux (beau)
   _____

9. trois aéroports (vieux)
   _____

10. les avenues de Paris (beau)
    _____

Nom et prénom: _____ Classe: _____ Date: _____

33 Answer each of the following questions in the negative, using the opposite adjective. Follow the **modèle**.

   MODÈLE   Vous avez choisi un petit restaurant?
   Non, nous n'avons pas choisi un petit restaurant. Nous avons choisi un grand restaurant.

1. Tes amis ont acheté de vieux vêtements?
   _____

2. Tu as passé une bonne journée?
   _____

3. Ton père a pris un nouvel avion?
   _____

4. C'est une petite gare?
   _____

5. Toi et moi, nous avons vu une belle statue?
   _____

6. C'est un bon ami?
   _____

7. Roissy est un vieil aéroport?
   _____

8. *La Joconde*, c'est un joli tableau?
   _____

Nom et prénom: _____ Classe: _____ Date: _____

Leçon C
Vocabulaire

34 Place the following time expressions in order, based on the timeline below.

    hier soir   la semaine dernière   hier matin   le mois dernier

        hier après-midi   l'année dernière

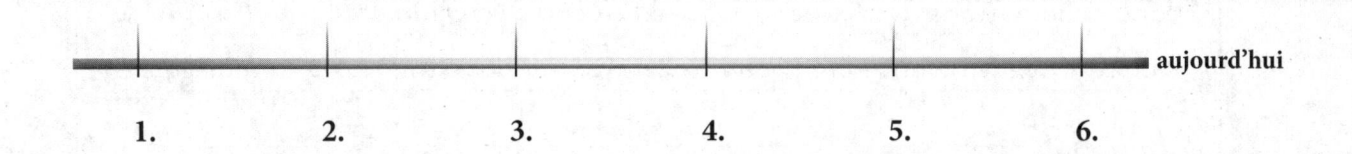

|---|---|---|---|---|---|---|
| 1. | 2. | 3. | 4. | 5. | 6. | aujourd'hui |

1. _____
2. _____
3. _____
4. _____
5. _____
6. _____

Nom et prénom: _____ Classe: _____ Date: _____

35 Today is Monday, July 28th. Below is a page from Amélie's diary. Answer the following questions about Amélie's life, using appropriate time expressions.

---

lundi 24 juin: J'ai rencontré Pierre à l'aéroport Charles-de-Gaulle, mais j'ai dû prendre l'avion pour rentrer à Brest.

lundi 21 et mardi 22 juillet: J'ai vu Pierre à Paris. Nous avons marché sur un pont, et nous avons vu le musée d'Orsay et le Centre Pompidou. Il m'a offert un chapeau. Les deux soirs nous avons dîné dans un restaurant chic à la tour Eiffel.

jeudi 24 juillet: Pierre m'a téléphoné. Il veut venir à Brest.

dimanche 27 juillet: J'ai fait les courses au supermarché parce que Pierre arrive dans deux jours!

---

1. Quand est-ce qu'Amélie a rencontré Pierre?
   _____

2. Qu'a fait Amélie lundi dernier?
   _____

3. Est-ce que Pierre a téléphoné à Amélie le weekend dernier?
   _____

4. Quand est-ce qu'Amélie et Pierre ont dîné au restaurant de la tour Eiffel?
   _____

5. Qu'a fait Amélie hier?
   _____

Nom et prénom: _____ Classe: _____ Date: _____

36 Answer the following questions in French. Make sure to use complete sentences.

1. Qu'as-tu fait l'été dernier?
   _____

2. Qu'est-ce que tu as étudié à l'école l'année dernière?
   _____

3. Quel événement (*event*) est arrivé la semaine dernière?
   _____

4. Quand as-tu fait tes devoirs hier?
   _____

5. Est-ce que tu as fait du shopping la semaine dernière? Quel jour?
   _____

6. Quand est-ce que tes amis et toi avez mangé au restaurant?
   _____

7. C'est quand la dernière fois que tu es allé(e) au cinéma?
   _____

Nom et prénom: _____ Classe: _____ Date: _____

37 Rewrite the following sentences, using a time expression. Follow the **modèle**.

MODÈLE   Joseph est arrivé à Paris le 21 décembre.
Joseph est arrivé à Paris le weekend dernier.

DÉCEMBRE

lu	ma	me	je	ve	sa	di
						1
2	3	4	5	6	7	8
9	10	11	12	13	14	15
16	17	18	19	20	21	22
23 / 30	24 / 31	25	26	27	28 X aujourd'hui	29

1. Nous sommes arrivés à Paris le 27 décembre.

   _____

2. Tu es descendu à l'hôtel du lundi 16 au samedi 21 décembre.

   _____

3. On est allé chez mon cousin le 25 décembre.

   _____

4. Mon frère et sa copine ont voyagé en Tunisie du mardi 17 au dimanche 22.

   _____

5. Les Martin ont pris des photos des monuments en novembre.

   _____

6. Mes parents et moi, nous avons fait du vélo les samedi et dimanche 21 et 22 décembre.

   _____

7. Vous avez visité Montréal le jeudi 26 décembre?

   _____

8. Ma belle-sœur et son mari sont montés en haut de la tour Eiffel en novembre.

   _____

228   Unité 8, Leçon C   *T'es Branché?*, Workbook   © EMC Publishing, LLC

Nom et prénom: _____ Classe: _____ Date: _____

Culture

38 Create a profile of **le métro de Paris** to post on a social networking site. Use relevant numbers, quotes, titles, and names in your description. Refer to the information in **Points de départ** in **Leçon C**.

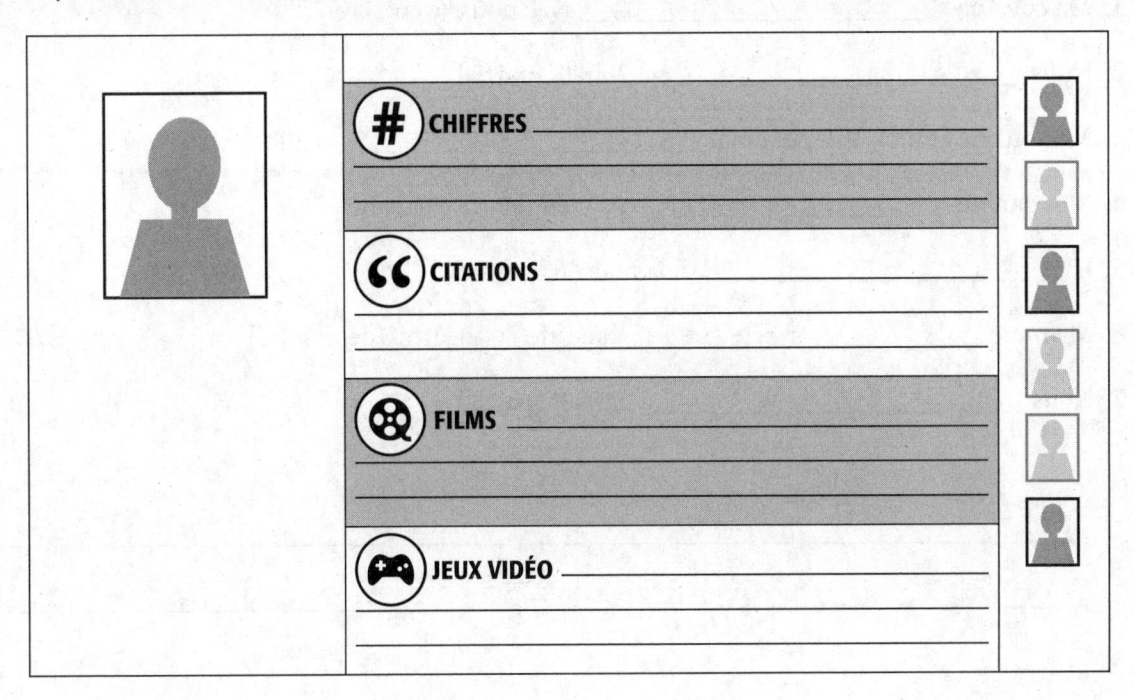

CHIFFRES _____
_____
_____

" CITATIONS _____
_____
_____

FILMS _____
_____
_____

JEUX VIDÉO _____
_____
_____

Structure

39 Write the past participle for each of the following verbs.

1. rentrer: _____
2. partir: _____
3. devenir: _____
4. descendre: _____
5. arriver: _____
6. sortir: _____
7. rester: _____
8. venir: _____
9. entrer: _____
10. revenir: _____

Nom et prénom: _____ Classe: _____ Date: _____

40 Put the verbs in parentheses in the **passé composé** to complete the following sentences. Then rewrite the sentences in the negative.

   MODÈLE   Je **suis allée** au théâtre hier avec mes parents. (aller)

1. Ma cousine _____ avec nous. (venir)
2. Nous _____ à 20h00. (partir)
3. Ma cousine et moi, Valérie, nous _____ à 20h15. (arriver)
4. Mes parents _____ en retard. (arriver)
5. Ils _____ à la maison. (rester)
6. Ma mère _____ au café du théâtre. (descendre)
7. Nous _____ à 22h00! (partir)

1. _____
2. _____
3. _____
4. _____
5. _____
6. _____
7. _____

Nom et prénom: _____ Classe: _____ Date: _____

41 Answer the following questions negatively.

  MODÈLE Annie est-elle allée au musée?
  Non, elle n'est pas allée au musée.

1. Sarah est-elle venue?

   _____

2. Théo et Julie sont-ils partis?

   _____

3. Nicolas est-il arrivé avec un copain?

   _____

4. Sommes-nous restés à la maison tout le weekend?

   _____

5. Louna est-elle venue, elle aussi?

   _____

6. Êtes-vous montés dans le bus pour rentrer?

   _____

7. Hugo est-il parti en avance?

   _____

8. Les ados sont-ils sortis après le dîner?

   _____

Nom et prénom: _____ Classe: _____ Date: _____

42 Write the following verbs in the **passé composé**, using **avoir** or **être** as the helping verb.

MODÈLE   il **est monté** (monter)

1. tu _____ (avoir)

2. elles _____ (revenir)

3. on _____ (aller)

4. vous _____ (voir)

5. nous _____ (descendre)

6. elles _____ (aller)

7. il _____ (pleuvoir)

8. j' _____ (devoir)

43 Complete the following sentences by writing the correct form of the verb in parentheses using the **passé composé**. Choose **avoir** or **être** as the helping verb.

1. Mathéo _____ footballeur professionnel le mois dernier. (devenir)

2. Il _____ beaucoup de sport à l'école. (faire)

3. Avec son cousin, ils _____ comme amateurs. (commencer)

4. Il _____ de son club amateur l'année dernière. (partir)

5. La famille de Mathéo _____ voir leur match la semaine dernière. (venir)

6. Ils _____ dimanche dernier contre une grande équipe. (jouer)

7. Leur équipe _____ le match. (perdre)

8. Mathéo _____ à la maison très triste. (rentrer)

Nom et prénom: _____ Classe: _____ Date: _____

44 Rewrite each sentence to include the adverb in parentheses.

> **MODÈLE** Tes amis sont-ils arrivés? (déjà)
> **Tes amis sont-ils déjà arrivés?**

1. Notre cousine est partie! (enfin)
   _____

2. J'ai travaillé. (mal)
   _____

3. Nous sommes sortis. (beaucoup)
   _____

4. Est-ce que tu as dormi? (assez)
   _____

5. Nous avons mangé! (trop)
   _____

6. L'année est passée. (vite)
   _____

7. J'ai aimé nos discussions. (bien)
   _____

8. Le chanteur a chanté hier soir. (mal)
   _____

Nom et prénom: _____ Classe: _____ Date: _____

45 Answer the following questions using an adverb from the word bank below.

    assez   beaucoup   bien   déjà   mal
    peu   trop   vite   enfin

MODÈLE   Vous avez mangé?
                    Oui, nous avons déjà mangé.

1. Charles a dansé à la teuf?
   _____

2. Tes parents sont venus avec toi au concert de jazz?
   _____

3. Élodie et toi, vous êtes allés dîner ensemble?
   _____

4. Tu es descendu du bus à 9h00?
   _____

5. La police est arrivée pendant l'accident?
   _____

6. Les profs ont écouté les élèves?
   _____

7. Hier, vous avez beaucoup mangé au café?
   _____

8. Tes amis ont voyagé à New York avec toi?
   _____

Nom et prénom: _____ Classe: _____ Date: _____

Unité 9: En forme

Leçon A
Vocabulaire

1 Place the words next to the correct body part on the illustration below.

l'épaule	la tête	les dents	la jambe	le doigt de pied	
l'œil	la main	le bras	le cou	le nez	le genou
le pied	la poitrine	l'estomac	le doigt	la bouche	l'oreille

A.

B.

C.

D.

E.

F.

G.

H.

I.

J.

K.

L.

M.

N.

O.

P.

Q.

Nom et prénom: _____ Classe: _____ Date: _____

2 Circle the body part that does not belong with the rest of the group.

1. le bras, la main, l'œil
2. l'oreille, la poitrine, l'estomac
3. le pied, les yeux, le doigt de pied
4. la jambe, le genou, le nez
5. les dents, le dos, l'épaule
6. la bouche, la main, le doigt
7. le doigt de pied, l'épaule, le pied
8. le doigt, l'œil, le nez

3 Complete the following sentences with the correct body part(s). You may use some words more than once.

  yeux   dents   jambes   bras   main   oreilles   doigts   bouche

1. On mange un hamburger avec la _____.
2. On parle avec la _____.
3. On sourit (*smile*) avec les _____.
4. On dit "au revoir" avec la _____.
5. On marche avec les _____.
6. On nage avec les _____ et les _____.
7. On regarde avec les _____.
8. On écoute avec les _____.
9. On tape (*type*) sur le clavier avec les _____.

Nom et prénom: _____ Classe: _____ Date: _____

4 Based on the illustration, complete the online instructions below on how to perform the tango by filling in the missing words.

Position du tango

Premièrement, mettez (1) _____ sur (2) _____

de votre partenaire, puis mettez (3) _____ en avant (*forward*). Levez

(4) _____ droit et tournez (5) _____. Soulevez

(*lift up*) (6) _____ et courbez (*arch*) (7) _____.

N'oubliez pas de regarder votre partenaire dans (8) _____!

Nom et prénom: _____ Classe: _____ Date: _____

5 You are volunteering at a hospital, and one of your patients, Mme Rouet, gets cold easily. Every time she requests a piece of clothing, ask her where she is cold.

MODÈLE Mme Rouet: Je voudrais un chapeau!
Vous: **Vous avez froid à la tête?**

1. Mme Rouet: Je voudrais des gants!

   Vous: _____

2. Mme Rouet: Je voudrais une écharpe!

   Vous: _____

3. Mme Rouet: Je voudrais des chaussures!

   Vous: _____

4. Mme Rouet: Je voudrais un pantalon!

   Vous: _____

5. Mme Rouet: Je voudrais une veste derrière moi!

   Vous: _____

6. Mme Rouet: Je voudrais un manteau devant moi!

   Vous: _____

7. Mme Rouet: Je voudrais un bonnet!

   Vous: _____

Nom et prénom: _____ Classe: _____ Date: _____

6 Give people advice based on what they would like to do. Follow the **modèle**, using the verb **falloir**.

MODÈLE Zacharie veut voir un film.
Il faut aller au cinéma.

1. Chema et Manuel veulent avoir une bonne note au contrôle de français.
_____

2. Abdel-Kader veut sortir avec Rachida.
_____

3. La classe de français veut voir un tableau de Manet.
_____

4. Nous voulons de nouveaux vêtements.
_____

5. Ma tante veut maigrir.
_____

6. Les Bernard veulent voyager à Paris.
_____

7. Mes parents veulent fêter leur anniversaire de mariage.
_____

8. Les enfants ne veulent pas rester à la maison aujourd'hui.
_____

Nom et prénom: _____ Classe: _____ Date: _____

7 You are babysitting two children, Myriam and Joachim, who are purposely doing things wrong. Tell them what they need to do instead. Follow the **modèle**, using the verb **falloir**.

MODÈLE Joachim tape (*types*) à l'ordinateur avec les doigts de pied.
Il ne faut pas taper à l'ordinateur avec les doigts de pied; il faut taper à l'ordinateur avec les doigts!

1. Myriam marche sur les mains.

2. Joachim boit (*drinks*) avec le nez.

3. Myriam joue au foot avec les mains.

4. Joachim porte un sac à dos sur la poitrine.

5. Myriam fait du vélo avec les bras.

6. Joachim met sa veste sur son ventre.

7. Myriam met la tête dans l'évier.

8. Joachim met son écharpe au genou.

Nom et prénom: _____ Classe: _____ Date: _____

8 You are a doctor who has just delivered a beautiful baby boy. Describe the baby to the family in the waiting room. Be as descriptive as you can and write at least five sentences.

    MODÈLE   Il a une grosse tête, deux yeux marron, ….

_____
_____
_____
_____
_____
_____
_____
_____
_____

Culture

9 Answer the following questions regarding healthcare in France, based on the information in the **Points de départ** in **Leçon A**.

1. Comment est financé le système de santé français?
_____

2. À quoi sert la carte vitale?
_____

3. Qu'est-ce qu'une mutuelle?
_____

4. Quelle place tient l'automédication dans la consommation de soins?
_____

5. Les Français font-ils confiance aux médecines alternatives?
_____

Nom et prénom: _____ Classe: _____ Date: _____

10 In French, write an article for the site "Manger Bouger" in which you list five things one can do to stay healthy.

1. _____
2. _____
3. _____
4. _____
5. _____

11 In French, write what the following numbers correspond to, based on the information regarding **le thermalisme** in the **Points de départ** in **Leçon A**.

1. 1850
   _____

2. 90
   _____

3. 550 000
   _____

4. 3
   _____

Nom et prénom: _____ Classe: _____ Date: _____

Structure

12 Say whether one should or should not do the following things in order to maintain good health. Use **il faut** or **il ne faut pas**.

> MODÈLE   faire peu de sport
> **Il ne faut pas faire peu de sport.**

1. manger des fruits frais
   _____

2. rester à la maison tous les jours
   _____

3. dormir huit heures par jour
   _____

4. prendre des menus riches en calories
   _____

5. boire beaucoup d'eau
   _____

6. manger beaucoup de gâteaux
   _____

7. bouger tous les jours
   _____

8. boire beaucoup de coca
   _____

Nom et prénom: _____ Classe: _____ Date: _____

13 Say whether one should or should not do the following things in order to be a good student. Use **il faut** or **il ne faut pas**.

1. arriver à l'heure

   _____

2. parler en classe avec ses camarades

   _____

3. réussir aux examens

   _____

4. faire ses devoirs

   _____

5. envoyer des textos à ses copains en classe

   _____

6. prendre des notes

   _____

7. être absent

   _____

8. faire la fête tous les soirs

   _____

Nom et prénom: _____ Classe: _____ Date: _____

14 For each situation, suggest what one should and should not do.

   MODÈLE   Alice voudrait aller au cinéma.
   Il faut acheter des billets.
   Il ne faut pas rester à la maison.

1. Il n'y a pas de yaourt dans le frigo.

2. Il fait beau.

3. C'est l'anniversaire de Patrick.

4. Mme Roseau veut voir le Mali.

5. M. Kedem veut maigrir.

6. Édouard a envie d'offrir un cadeau à sa copine.

7. Pierre veut devenir avocat.

Nom et prénom: _____ Classe: _____ Date: _____

Leçon B
Vocabulaire

15 Say what part of each person's body is hurting, according to the illustrations.

MODÈLE   J'ai mal à la tête.
   je

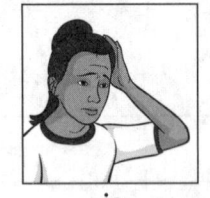

1. Monique 
2. Mme Béchamel 
3. Jamila 
4. tu

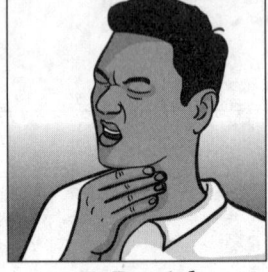

5. Patrick
6. M. Pépère 
7. je 
8. Yolande 

1. _____
2. _____
3. _____
4. _____
5. _____
6. _____
7. _____
8. _____

Nom et prénom: _____ Classe: _____ Date: _____

16 Put the following vocabulary words into the appropriate categories.

| la grippe | de la fièvre | des frissons | bonne mine | mauvaise mine |
| en bonne forme | pas en forme | malade | un rhume | |

une maladie: _____

_____

un symptôme: _____

_____

une bonne santé: _____

_____

17 Complete the following sentences with the verb **avoir** or **être**.

MODÈLE   **Avez**-vous mal à la tête?

1. Joachim _____ mal à l'estomac.

2. Florence et Pierre _____ des frissons.

3. Mes grands-parents _____ en bonne forme!

4. Ah, non, tu _____ un rhume!

5. Mais, vous _____ la grippe!

6. Oui, je ne _____ pas en forme.

Nom et prénom: _____ Classe: _____ Date: _____

18 Match each of the descriptions of George's state or actions in the left column with the appropriate illness or ailment in the right column.

1. Il a mangé trop de gâteaux.   A. Il est malade.
2. Il a très chaud.   B. Il a un rhume.
3. Il a froid.   C. Il a mal au cœur.
4. Il a le nez rouge.   D. Il a des frissons.
5. Il est resté au lit toute la journée. E. Il n'est pas en forme.
6. Il n'a pas d'énergie.   F. Il a mal à la gorge.
7. Il doit aller chez le dentiste.   G. Il a de la fièvre.
8. Il ne peut pas bien parler.   H. Il a mal aux dents.

19 Describe the symptoms you experience when you have a cold and when you have the flu.

Quand j'ai un rhume, _____
_____
_____

Quand j'ai la grippe, _____
_____
_____

Nom et prénom: _____ Classe: _____ Date: _____

Culture

20 Fill out the profile of Rwanda below. Refer to the **Points de départ** in **Leçon B**.

Le Rwanda		
Situation géographique:	Climat:	Population:
Ethnies:	Capitale:	Économie:

21 A journalist is asking you questions about Rwanda. In French, respond to his questions, using the information in the **Points de départ** in **Leçon B** to help you.

1. Quel est l'état de la lutte contre le SIDA au Rwanda?

   _____

2. Avec qui travaille le gouvernement du Rwanda pour lutter contre le SIDA?

   _____

3. Que font les gens qui n'ont pas accès aux hôpitaux ou aux cliniques?

   _____

4. Quel objectif s'est fixé le Rwanda en matière de réduction des infections?

   _____

5. Quelles autres maladies sont problématiques au Rwanda?

   _____

Nom et prénom: _____ Classe: _____ Date: _____

Structure

22 Rewrite the following sentences, using the imperative. Follow the **modèle**.

    MODÈLE   Nous allons au café.
                      Allons au café!

1. Tu manges un bon repas.
   _____

2. Vous choisissez un film.
   _____

3. Nous parlons français avec notre ami sénégalais.
   _____

4. Vous prenez un sandwich au jambon.
   _____

5. Tu achètes trois livres de cerises.
   _____

6. Vous mettez le couvert.
   _____

7. Tu regardes un documentaire sur le Rwanda.
   _____

8. Nous étudions pour le contrôle de sciences.
   _____

9. Vous venez au cinéma avec nous.
   _____

10. Tu finis tous tes devoirs d'anglais.
    _____

Nom et prénom: _____ Classe: _____ Date: _____

23 You are in charge of your little brother this weekend, and you have to tell him to do all the things he does not like to do. Use the imperative and follow the **modèle**.

MODÈLE Mon petit frère n'aime pas rester dans sa chambre.
Reste dans ta chambre!

1. Mon petit frère n'aime pas parler à grand-mère au téléphone.
   _____

2. Mon petit frère n'aime pas prendre des vitamines.
   _____

3. Mon petit frère n'aime pas finir la leçon de maths.
   _____

4. Mon petit frère n'aime pas faire ses devoirs.
   _____

5. Mon petit frère n'aime pas attendre ses amis.
   _____

6. Mon petit frère n'aime pas regarder un documentaire.
   _____

7. Mon petit frère n'aime pas acheter un livre.
   _____

8. Mon petit frère n'aime pas aller au centre commercial avec moi.
   _____

9. Mon petit frère n'aime pas écouter de la musique.
   _____

10. Mon petit frère n'aime pas mettre le couvert.
    _____

Nom et prénom: _____ Classe: _____ Date: _____

24 Fill in the missing words in the recipe for an apple pie, using the **vous** form of the imperative of each of the verbs below. The verb **mettre** will need to be used three times.

    laver   prendre   couper   mettre

    choisir   préparer   regarder   servir (*to serve*)

(1) _____ vos mains, puis (2) _____ les pommes.

(3) _____ les pommes en petits morceaux. (4) _____ les pommes dans un bol. (5) _____ les pommes sur la tarte et

(6) _____ du sucre ou du miel (*honey*) pour mettre dessus.

(7) _____ un plat au four. (8) _____ le plat dans le four et

(9) _____ toutes les vingt minutes. (10) _____ après une

heure. Bon appétit!

25 Use the following elements to write sentences in the imperative. Follow the **modèle**.

    MODÈLE   regarder la télé/faire du roller (tu)
                    Ne regarde pas la télé; fais du roller!

1. manger du porc/manger du poulet (vous)

   _____

2. rester au lit/faire une promenade (tu)

   _____

3. parler au téléphone/envoyer un texto (nous)

   _____

4. prendre des photos/faire une vidéo (tu)

   _____

5. maigrir/grossir (tu)

   _____

6. finir ton jeu vidéo/étudier (tu)

   _____

Nom et prénom: _____ Classe: _____ Date: _____

26 Play the role of **Docteur Yang**, and tell the following patients what they should do to be healthier. Use the declarative or the negative form, and use the **vous** form.

   MODÈLE   M. Roger a grossi.
            Ne mangez pas de pâtisseries!

1. Chantal a un rhume.
   _____

2. M. et Mme Thomas ne font pas de sport.
   _____

3. Ludovic regarde trop la télé, alors il a mal aux yeux.
   _____

4. Mlle Delorme ne mange pas de fruits.
   _____

5. M. Bouadib ne met pas de chapeau en hiver.
   _____

6. Rachida a beaucoup maigri.
   _____

7. Khaled et Géraldine font trop de sport, alors ils ont mal au dos.
   _____

8. Benjamin ne prend pas ses médicaments (*medicine*).
   _____

9. Christine fait trop d'aérobic.
   _____

10. Julian ne porte pas son manteau en hiver, alors il a un rhume.
    _____

Nom et prénom: _____ Classe: _____ Date: _____

27 Do you know how to prepare a certain dish, do a dance move, or make a video? Find something you like to do and write the instructions in a minimum of six steps in French, using the imperative. Use the negative form at least twice.

Nom et prénom: _____ Classe: _____ Date: _____

Leçon C
Vocabulaire

28 Write the name of each of the following objects.

MODÈLE   des bouteilles en plastique

1.
2.
3.
4.
5.
6.
7.
8.

1. _____
2. _____
3. _____
4. _____
5. _____
6. _____
7. _____
8. _____

Nom et prénom: _____ Classe: _____ Date: _____

29 Say what each environmental problem causes.

   MODÈLE   L'effet de serre **réchauffe la planète.**

   1. Les marées noires _____

   2. Le dioxyde de carbone _____

   3. L'engrais chimique _____

   4. L'energie nucléaire _____

30 Name one way to solve each of the following environmental problems.

   MODÈLE   Pour arrêter la pollution, on peut **remplacer l'engrais chimique par l'engrais biologique.**

   1. Pour arrêter la pollution, on peut _____
   _____

   2. Pour sauvegarder les animaux, on peut _____
   _____

   3. Pour combattre l'effet de serre, on peut _____
   _____

   4. Pour sauvegarder la planète, on peut _____
   _____

   5. Pour combattre les marées noires, on peut _____
   _____

   6. Pour arrêter le dioxyde de carbone, on peut _____
   _____

256   Unité 9, Leçon C   *T'es Branché?*, Workbook   © EMC Publishing, LLC

Nom et prénom: _____ Classe: _____ Date: _____

31 Fill in the blank spaces with the appropriate vocabulary words.

pollution   hybride   environnement   développer   installer
protéger   sauvegarder   recycler   remplacer

Nous avons aujourd'hui des problèmes d'(1) _____. Il y a beaucoup de (2) _____. Pour (3) _____ la planète, il faut (4) _____ les bouteilles et les sacs en plastique, (5) _____ la voiture électrique ou (6) _____ et (7) _____ des panneaux solaires. Il faut aussi (8) _____ les espèces et les animaux sauvages et (9) _____ les engrais chimiques par des engrais naturels.

32 Say what the following people can do to be more environmentally friendly.

MODÈLE   Crystelle boit une eau minérale et met la bouteille dans la poubelle.
Elle peut recycler la bouteille en plastique.

1. Les Jacquin ont une vieille maison qui consomme beaucoup d'électricité.
   _____

2. Tes amis et toi, vous allez à l'école en voiture en été.
   _____

3 M. et Mme Farida veulent acheter une deuxième voiture de sport.
   _____

4. Le gouvernement veut installer cinquante usines nucléaires dans deux ans.
   _____

5. Je consomme beaucoup de coca, et je voudrais maigrir.
   _____

Nom et prénom: _____ Classe: _____ Date: _____

Culture

33 What actions correspond to the following ecological themes? Refer to the **Points de départ** in **Leçon C**.

1. lutte contre la pollution urbaine: _____

2. sauvegarde de la nature: _____

3. lutte contre la pollution agricole: _____

4. lutte contre la pollution des côtes: _____

5. énergies renouvelables: _____

6. transports: _____

34 Answer the following questions, based on the information in the **Points de départ** in **Leçon C**.

1. Que signifie le mot **Vélib'**?
   _____

2. Quel est le but de **Vélib'**?
   _____

3. Où trouve-t-on les vélos?
   _____

4. Combien de vélos y a-t-il?
   _____

5. Qu'est-ce que "La Souris Verte"?
   _____

Nom et prénom: _____ Classe: _____ Date: _____

Structure

35 Write complete sentences using the elements provided. Make sure to use the correct form of each verb.

> MODÈLES   Charles et Amélie/manger/au restaurant.
> **Charles et Amélie mangent au restaurant.**
>
> Mme Pocard/vouloir acheter/de nouveaux vêtements
> **Mme Pocard veut acheter de nouveaux vêtements.**

1. Les Français/consommer/beaucoup d'énergie nucléaire.

2. Adja/ne pas vouloir/ce chapeau.

3. Véo et Rachid/préférer/faire un voyage en Hongrie.

4. Tu/ne pas pouvoir/danser comme Michael Jackson.

5. Vous/étudier la biologie/tous les jours.

6. Mes parents/ne pas aimer/consommer des boîtes en aluminium.

7. Je/aimer/sauvegarder les animaux.

8. Il/falloir/faire du vélo.

9. Mon meilleur ami/venir au cinéma/avec moi.

10. On/venir faire du ski/avec vous.

Nom et prénom: _____ Classe: _____ Date: _____

36 Ask questions about the following people, using the elements provided. Follow the **modèle**.

> **MODÈLE** aimer/manger/les escargots (le prof de français)
> **Il aime manger les escargots?**

1. désirer/voyager en France (les amis)
   _____

2. pouvoir/venir avec nous (le petit frère)
   _____

3. devoir/partir à quelle heure (tu)
   _____

4. préférer/attendre le bus (Malika)
   _____

5. vouloir/étudier avec moi (vous)
   _____

6. venir/dîner à la maison dimanche (les Berhinger)
   _____

7. devoir/recycler les boîtes à la maison (tu)
   _____

8. pouvoir/sortir ensemble ce weekend (toi et moi)
   _____

Nom et prénom: _____ Classe: _____ Date: _____

37 Answer the following questions in complete sentences.

1. Tu aimes écouter de la musique?
   _____

2. Tes parents préfèrent conduire une voiture hybride ou normale?
   _____

3. Dans ta famille, vous devez recycler?
   _____

4. Tes amis veulent sauvegarder les animaux en voie de disparition?
   _____

5. À ton avis, faut-il aider l'environnement?
   _____

6. Qu'est-ce que tes amis et toi allez faire ce weekend?
   _____

7. Qui vient dîner avec toi au restaurant?
   _____

8. Qu'est-ce qu'on doit faire pour être en forme?
   _____

Nom et prénom: _____ Classe: _____ Date: _____

38 Complete the following sentences with **de** or **des**.

    MODÈLES   Nous avons vu **de** jolis pandas au zoo.
                  Je voudrais **des** vêtements chic pour mon anniversaire.

1. Mathilda porte _____ vieux jeans.

2. Ce sont _____ petites bouteilles en plastique.

3. Ils ont installé _____ nouveaux panneaux solaires.

4. Cette manufacture produit (*produces*) _____ voitures électriques.

5. Le gouvernement a fait _____ grandes réformes pour lutter contre la pollution.

6. Oui, j'ai _____ films intéressants sur le tigre de Sumatra.

7. Les petits zoos ont souvent _____ vieux ours polaires.

8. Le matin, je mange toujours _____ grosses tartines.

9. Tu prends _____ haricots verts avec ton steak-frites?

10. Mon oncle a acheté _____ pulls chauds pour ses enfants.

39 Complete the paragraph below by filling in the blanks with **de** or **des**.

D'abord, nous sommes allés à Versailles, où il y a (1) _____ beaux vieux châteaux, avec (2) _____ jardins magnifiques. Nous avons vu (3) _____ villes françaises avec (4) _____ belles rues en pierre (*stone*). À Paris, il y a (5) _____ nouveaux cafés près (6) _____ places publiques. Il y a aussi (7) _____ jolies filles et (8) _____ dames élégantes. Nous avons acheté (9) _____ objets insolites au marché aux puces, où nous avons rencontré (10) _____ vieux marchands.

Nom et prénom: _____ Classe: _____ Date: _____

40 Use **de** or **des** to say where you can find the following things. Follow the **modèles** and pay attention to the forms of the adjectives.

    MODÈLES   gorilles/petit
                  Il y a de petits gorilles au zoo de ma ville.

                  usines/moderne
                  Il y a des usines modernes aux États-Unis.

1. vêtements/joli

   _____

2. usines/grand

   _____

3. immeubles/vieux

   _____

4. voitures/sportif

   _____

5. animaux/sauvage

   _____

6. centrales nucléaires/nouveau

   _____

7. maisons/gros

   _____

8. monuments/beau

   _____

Nom et prénom: _____ Classe: _____ Date: _____

Unité 10: Les grandes vacances

Leçon A
Vocabulaire

1 Look at the map on p. 514 of your textbook and say where the following provinces, cities, or states are located in relation to each other.

MODÈLE le Vermont/le Québec
Le Vermont est situé au sud du Québec.

1. le Québec/l'Ontario
   _____

2. la Terre-Neuve-et-Labrador/le Québec
   _____

3. le Canada/les États-Unis
   _____

4. la Nouvelle-Écosse/l'Île-du-Prince-Édouard
   _____

5. Montréal/la ville de Québec
   _____

6. le Vermont/le Québec
   _____

7. le Vermont/le New Hampshire
   _____

8. le Québec/le Nouveau-Brunswick
   _____

9. le Maine/la Nouvelle-Écosse
   _____

10. le Saint-Laurent/les États-Unis
    _____

Nom et prénom: _____ Classe: _____ Date: _____

2 Say where the following French cities are situated, according to the map.

MODÈLE Paris
Paris est au nord d'Orléans.

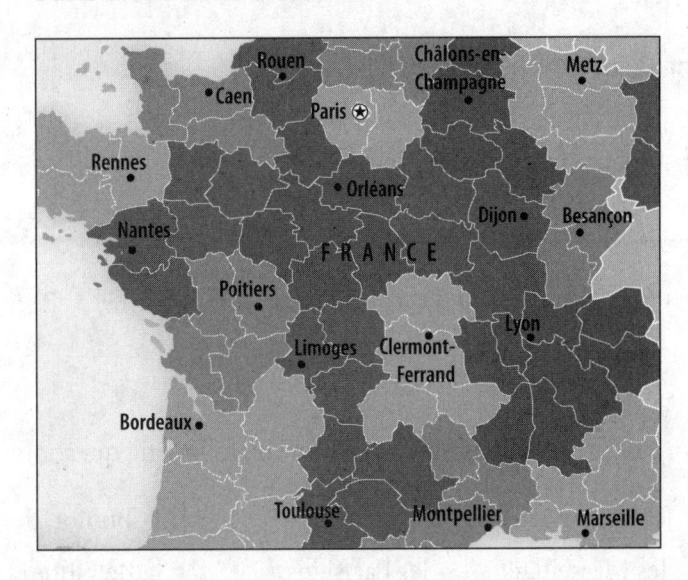

1. Clermont-Ferrand
   _____

2. Nantes
   _____

3. Marseille
   _____

4. La Rochelle
   _____

5. Lyon
   _____

6. Bordeaux
   _____

7. Dijon
   _____

8. Limoges
   _____

Nom et prénom: _____ Classe: _____ Date: _____

3 Draw lines between the two columns to match each description with the appropriate word.

1. C'est un rectangle avec des symboles et des couleurs pour représenter le pays.

2. les personnes qui habitent dans un pays ou une ville

3. les personnes qui habitent au Québec

4. une phrase importante qui représente un pays

5. la ville gouvernementale d'un pays ou d'une province

A. les Québécois

B. la devise

C. le drapeau

D. les habitants

E. la capitale

4 Choose the correct word or expression below to answer the following questions.

| la capitale | Je me souviens. | l'Espagne | métro, boulot, dodo |
| Rennes | les Marseillais | les Parisiens | la Belgique |

1. Quelle est la devise du Québec?
   _____

2. Quelle est une devise de la ville de Paris?
   _____

3. Comment s'appellent les habitants de Paris?
   _____

4. Quelle est la capitale de la Bretagne?
   _____

5. Quel pays est au nord-est de la France?
   _____

6. Quel pays est au sud de la France?
   _____

7. Comment appelle-t-on les habitants de Marseille?
   _____

8. Qu'est-ce que Paris?
   _____

Nom et prénom: _____ Classe: _____ Date: _____

5 You are helping a tourist find his way around your hometown. Answer each of his questions about where different places are located.

    MODÈLE   Où est située la gare?
                     La gare est au nord de la mairie.

1. Où est situé le centre commercial?
_____

2. Où est situé l'aéroport?
_____

3. Où est située la cathédrale?
_____

4. Où est situé le parc?
_____

5. Où est situé l'hôtel de ville?
_____

6. Où est située la médiathèque?
_____

7. Où est situé le restaurant que vous préférez?
_____

8. Où est situé le café?
_____

9. Où est situé le musée?
_____

10. Où est situé le fleuve?
_____

Nom et prénom: _____ Classe: _____ Date: _____

Culture

6 Answer the following questions about Canada. Refer to the **Points de départ** in **Leçon A**.

1. Quel est le surnom (*nickname*) du Québec?
   _____

2. Quelle est la plus grande province du Canada?
   _____

3. Quelle est la capitale du Québec?
   _____

4. Qu'est-ce que le Saint-Laurent?
   _____

5. Que représente la fleur de lys et pourquoi est-elle importante?
   _____

6. Y a-t-il plus d'habitants à Québec ou à Montréal?
   _____

7. Les Canadiens sont de gros consommateurs de quel produit?
   _____

8. Qu'est-ce que le gouvernment québécois a fait pour protéger la langue française?
   _____

Nom et prénom: _____ Classe: _____ Date: _____

7 Imagine you are planning a trip to Québec. In French, write what you can do at each of the cities or events below. Do online research to help you with your planning.

1. Visite de la vieille ville de Montréal
   _____
   _____

2. Visite de la ville de Québec
   _____
   _____

3. Tam-tams du mont Royal
   _____
   _____

4. Les FrancoFolies
   _____
   _____

5. Concert Plaines d'Abraham à Québec
   _____
   _____

Nom et prénom: _____ Classe: _____ Date: _____

Structure

8 Complete the following sentences by filling in the correct prepositions.

1. Tu vas _____ Canada?

2. Non, je vais _____ États-Unis.

3. Ma tante va voyager _____ Ontario l'été prochain!

4. Est-ce que les élèves de Mme Teefy vont _____ Montréal?

5. Non, ils vont _____ Paris, _____ France.

6. Moi, je ne suis jamais allé _____ Terre-Neuve, mais je suis allée _____ Labrador.

7. Les Dufour vont bientôt aller _____ États-Unis.

8. Ah oui, ils vont _____ Chicago, n'est-ce pas?

9. Ma famille et moi, nous allons _____ Nouveau-Brunswick dans deux semaines.

10. M. et Mme Robert voyagent _____ Seattle.

9 Fill in the appropriate prepositions to complete the statements about where the following people live.

MODÈLE Samuel habite **à** Fredericton, **au** Nouveau-Brunswick.

1. Aïcha habite _____ Alger, _____ Algérie.

2. Kristina habite _____ Nice, _____ France.

3. Malika et Salim habitent _____ Casablanca, _____ Maroc.

4. Maude habite _____ Bruxelles, _____ Belgique.

5. Kevin habite _____ Boston, _____ États-Unis.

6. Djamel habite _____ Tunis, _____ Tunisie.

7. Pierre habite _____ Québec, _____ Québec.

8. Marie-Sonine habite _____ Fort-de-France, _____ Martinique.

Nom et prénom: _____ Classe: _____ Date: _____

10 Write sentences with the elements provided, using the correct prepositions.

    MODÈLE   je vais/le Canada
                   Je vais au Canada.

1. nous allons/la France

2. tu vas/la Côte d'Ivoire

3. on va/les États-Unis

4. la chanteuse va/Paris

5. les ados vont/Québec

6. vous allez/le Québec

7. nous allons/la France

8. je vais/Marseille

9. tu vas/l'Afrique

10. mon cousin va/le Vermont

Nom et prénom: _____ Classe: _____ Date: _____

11 You have been given the opportunity to interview your favorite football player about his travels abroad. Write creative questions using the verbs **habiter**, **voyager**, and **aller** to ask him where he has lived and traveled, as well as where he would like to go in the future. You may use places listed below or others of your choice. Write a minimum of eight questions.

Los Angeles	la Suisse	les États-Unis	le Manitoba
l'Afrique	Genève	la Louisiane	Paris
le Japon	le Cameroun	l'Algérie	Montréal

MODÈLE Vous désirez rester aux États-Unis après votre carrière de joueur de football?

_____
_____
_____
_____
_____
_____
_____
_____
_____
_____
_____
_____
_____
_____
_____
_____

Nom et prénom: _____ Classe: _____ Date: _____

Leçon B
Vocabulaire

12 Based on the illustrations below, say what Gérard sees through the window of his train as it travels through the region of Provence.

MODÈLE   un lac

1.
2.
3.
4.
5.
6.
7.
8.
9.

1. _____
2. _____
3. _____
4. _____
5. _____
6. _____
7. _____
8. _____
9. _____

Nom et prénom: _____ Classe: _____ Date: _____

13 Circle the word that does not belong in each group.

1. un lac, une montagne, une cascade

2. une colline, un étang, une montagne

3. un océan, un lac, une colline

4. un lac, une route, un autobus

5. une voie, un quai, une route

6. une colline, une forêt, un composteur

7. la campagne, une vallée, un voyageur

8. un château, une rivière, un océan

9. une montagne, un autobus, un océan

14 Fill in the missing labels in the image below.

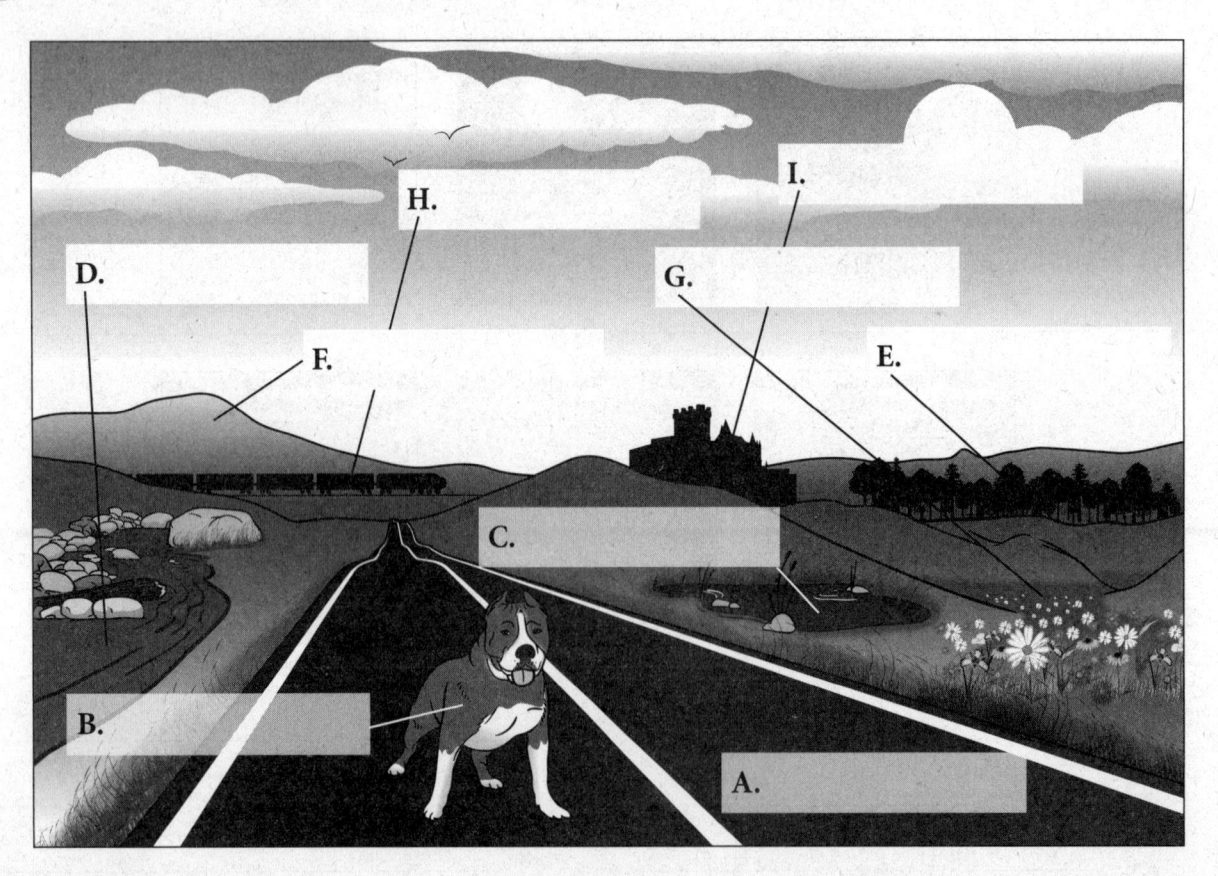

Nom et prénom: _____ Classe: _____ Date: _____

15 Write the French word related to train travel that corresponds to each of the following clues.

1. On y va pour prendre le train. _____

2. On y mange dans le train. _____

3. Elle vérifie le billet. _____

4. On y attend le train. _____

5. On le composte. _____

6. On peut y lire les heures d'arrivée et de départ. _____

7. On voyage dedans. _____

8. On est assis dessus. _____

9. Il voyage. _____

16 British Intelligence has sent you, their new recruit, an assignment. However, the message was scrambled when you received it. In order to understand your mission, you must put the following sentences in the correct order from 1–10. The first sentence has been done for you.

A. À midi, allez dans le wagon-restaurant et trouvez un homme avec un accent canadien. _____

B. Montez dans le train avec la valise. _____

C. Achetez un billet pour Genève. _____

D. Allez à la gare Saint-Lazare à Paris. ___1___

E. Compostez votre billet. _____

F. Il va vous donner le reste de la mission. _____

G. Regardez le tableau des arrivées et des départs, et choisissez la première destination pour la Suisse. _____

H. Attendez le train sur le quai. _____

I. Choisissez un siège près d'une fenêtre. _____

J. Sur le quai, il y a une jeune voyageuse avec des cheveux roux. Prenez sa valise noire. _____

Nom et prénom: _____ Classe: _____ Date: _____

Culture

17 Find the following information about France. Refer to the **Points de départ** in **Leçon B**.

1. le nombre de départements: _____

2. le nombre de régions métropolitaines: _____

3. le nombre de régions d'outre-mer: _____

4. le nombre de châteaux de la Loire: _____

5. le nombre de pièces dans le château de Chambord: _____

6. le nombre d'hectares de parc dans le château de Chambord: _____

7. le nombre d'habitants à Tours: _____

18 Answer the following questions about Tours and Loire castles. Refer to the **Points de départ** in **Leçon B**.

1. La ville de Tours est connue pour quoi?
   _____

2. Il y a combien d'habitants à Tours?
   _____

3. Quels écrivains ont habité à Tours?
   _____

4. Quel compositeur a habité à Tours?
   _____

5. Quels acteurs ont habité à Tours?
   _____

6. Connaissez-vous un film avec l'un de ces acteurs?
   _____

Nom et prénom: _____ Classe: _____ Date: _____

Structure

19 Answer the following questions using one of these negative expressions: **ne… pas**, **ne… plus**, **ne… jamais**, **ne… personne**, or **ne… rien**.

    MODÈLE   Tu vas toujours en vacances en hiver?
                     Non, je ne vais jamais en vacances en hiver.

1. Tu prends le train pour Annecy?
   _____

2. Ton père est toujours malade?
   _____

3. Vous allez souvent à la campagne, tes parents et toi?
   _____

4. Manges-tu quelque chose de bon dans le wagon-restaurant?
   _____

5. Vous rencontrez quelqu'un dans ce vieux château?
   _____

6. On va toujours à Tours dans deux semaines?
   _____

7. Tu attends toujours le train sur le quai?
   _____

8. Nos amis font souvent du camping dans la forêt?
   _____

9. Tu vois quelque chose?
   _____

10. Tu vas souvent faire du roller avec tes amis?
    _____

Nom et prénom: _____ Classe: _____ Date: _____

20 Answer the following questions using **rien** or **personne**.

MODÈLE   Tu vois quelque chose derrière la colline?
Non, je ne vois rien derrière la colline.

1. As-tu besoin de quelque chose pour ton anniversaire?
   _____

2. Tu retrouves quelqu'un au café?
   _____

3. Tu voyages avec quelqu'un à Paris?
   _____

4. On dit quelque chose au prof pour expliquer notre absence?
   _____

5. Il y a quelqu'un dans la salle d'informatique?
   _____

6. Tu vois le guide, là-bas?
   _____

7. Tu prends un coca?
   _____

8. Tu chantes pour quelqu'un?
   _____

9. Pardon, tu penses à quoi?
   _____

10. Tu manges quelque chose?
    _____

Nom et prénom: _____ Classe: _____ Date: _____

21 You are auditioning to play the role of a character that is always pessimistic. Using the correct negative expression, contradict the following statements to stay in character.

   MODÈLE   Votre maison de campagne est toujours agréable!
   Votre maison de campagne n'est jamais agréable.

1. Les voyageurs sont toujours à l'heure pour le train.
   _____

2. Nous pouvons prendre de belles photos de l'océan en Bretagne.
   _____

3. Il y a quelque chose d'unique dans les montagnes du Jura.
   _____

4. Quelqu'un peut sauvegarder l'environnement.
   _____

5. Il fait souvent du soleil au printemps.
   _____

6. Mes grands-parents sont toujours en bonne santé.
   _____

7. Un voyage en train est toujours sympa.
   _____

8. Au château de Chambord, il y a toujours beaucoup de touristes.
   _____

9. Il y a quelque chose de beau dans cette forêt.
   _____

Nom et prénom: _____ Classe: _____ Date: _____

22 You are enjoying a trip in Provence and writing a blog post about it. You notice that the computer has changed all your positive sentences into negative sentences. Change them back quickly so that you can publish your post!

   MODÈLE   Je ne rencontre personne qui parle anglais.
   Je rencontre quelqu'un qui parle anglais.

1. Bonjour! Je ne passe pas un très bon séjour en Provence!

2. Ce n'est vraiment pas un lieu de vacances formidable!

3. Il n'y a rien à faire.

4. Je ne vois rien de spectaculaire tous les jours.

5. Je ne vais plus dans la forêt le matin parce qu'il ne fait jamais beau.

6. Aussi, je ne pêche jamais dans une petite rivière. Le paysage n'est pas très joli.

7. Je n'aime plus découvrir de cascades, parce qu'il n'y a personne pour venir avec moi.

8. Mon meilleur ami ne voyage plus en train, alors il n'est pas venu avec moi.

9. Je ne me suis pas amusé(e) pour venir ici.

10. Il n'y a jamais de visite de châteaux, il n'y a personne de sympathique dans les restaurants, et il n'y a rien de bon à manger.

11. Vraiment, ce n'est pas une visite extraordinaire!

Nom et prénom: _____ Classe: _____ Date: _____

Leçon C
Vocabulaire

23 Write the nationality of each of the following people, based on the cities in which they live.

   MODÈLE   Adèle habite à Paris.
   Elle est française.

1. Jean habite à Toulouse.
   _____

2. Pierre habite à Luxembourg.
   _____

3. Joanne habite à Genève.
   _____

4. Salim habite à Berlin.
   _____

5. Monica habite à Bruxelles.
   _____

6. Stefano habite à Rome.
   _____

7. Bob habite à Manchester.
   _____

8. Karina habite à Cologne.
   _____

9. M. et Mme Vargas habitent à Barcelone.
   _____

Nom et prénom: _____ Classe: _____ Date: _____

24 Rewrite the following statements using the appropriate adjectives of nationality. Follow the **modèle**.

MODÈLE J'ai vu une jolie cascade en Belgique.
J'ai vu une jolie cascade belge.

1. Je me souviens d'une vieille église en Angleterre.

2. Mon père a acheté une voiture d'Allemagne.

3. Ma mère m'a donné une recette d'Italie.

4. Les millionnaires ont des banques en Suisse.

5. Anvers est une ville de Belgique.

6. Nous avons visité une école au Luxembourg.

7. Mon copain vient d'Espagne.

8. Les meilleurs chocolats sont en Suisse.

9. Tout le monde aime le fromage de France.

Nom et prénom: _____ Classe: _____ Date: _____

25 Complete the following sentences with the correct adjectives.

MODÈLE (Espagne/Luxembourg): Carlos est **espagnol**, et il a une amie **luxembourgeoise**.

1. (Allemagne, France): Michael est _____, mais il aime la musique _____.

2. (Italie, Angleterre): Vera est _____, mais elle lit des romans _____.

3. (Belgique, Espagne): Raymond est _____, mais il aime la cuisine _____.

4. (Suisse, Italie): Ivan est _____, mais il aime le cinéma _____.

5. (Allemagne, France): Eva est _____, mais elle préfère la mode _____.

6. (Angleterre, Suisse): Élisabeth est _____, mais elle a une amie _____.

7. (Belgique, Espagne): Emanuelle est _____, mais elle adore l'art _____.

8. (France, Luxembourg): Marie-Paule est _____, mais elle préfère les chansons _____.

9. (Italie, France): Les filles sont _____, mais elles mangent des pâtes _____.

Nom et prénom: _____ Classe: _____ Date: _____

26 Look at the map below and say where the following places are located in relation to each other.

MODÈLE   Où est l'hôtel de ville? (le restaurant)
L'hôtel de ville est en face du restaurant.

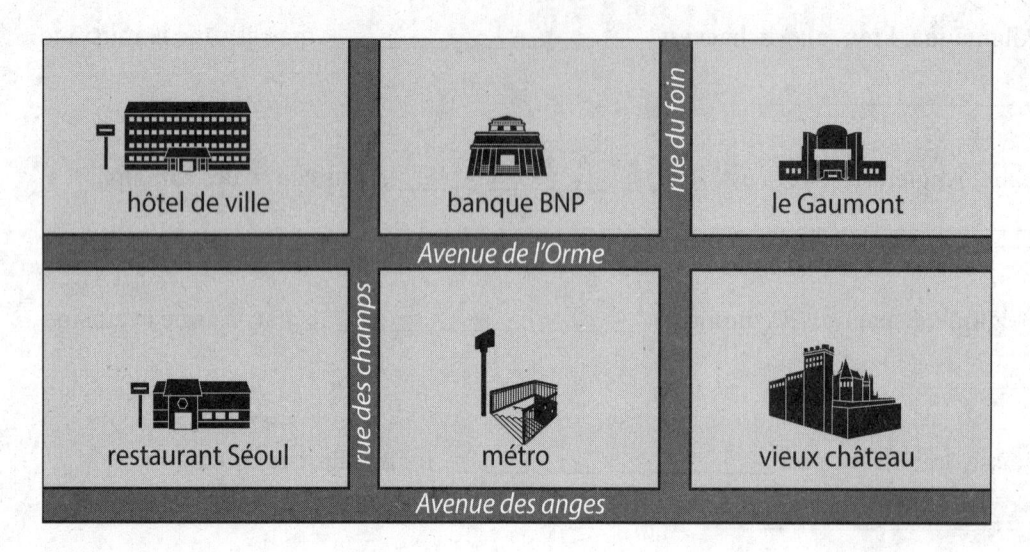

1. Où est le château? (le cinéma)

   _____

2. Où est la banque? (l'hôtel de ville)

   _____

3. Où est le métro? (le château)

   _____

4. Où est le restaurant? (le métro)

   _____

5. Où est le métro? (la banque)

   _____

6. Où est la banque? (l'hôtel de ville et le cinéma)

   _____

7. Où est le cinéma? (le château)

   _____

8. Où est le restaurant? (l'hôtel de ville)

   _____

Nom et prénom: _____ Classe: _____ Date: _____

27 Refer to the map to give directions.

MODÈLE Pardon, je suis au restaurant, où se trouve le cinéma?
Allez tout droit sur l'Avenue des anges, puis tournez à gauche dans la rue du foin. Le cinéma se trouve à droite.

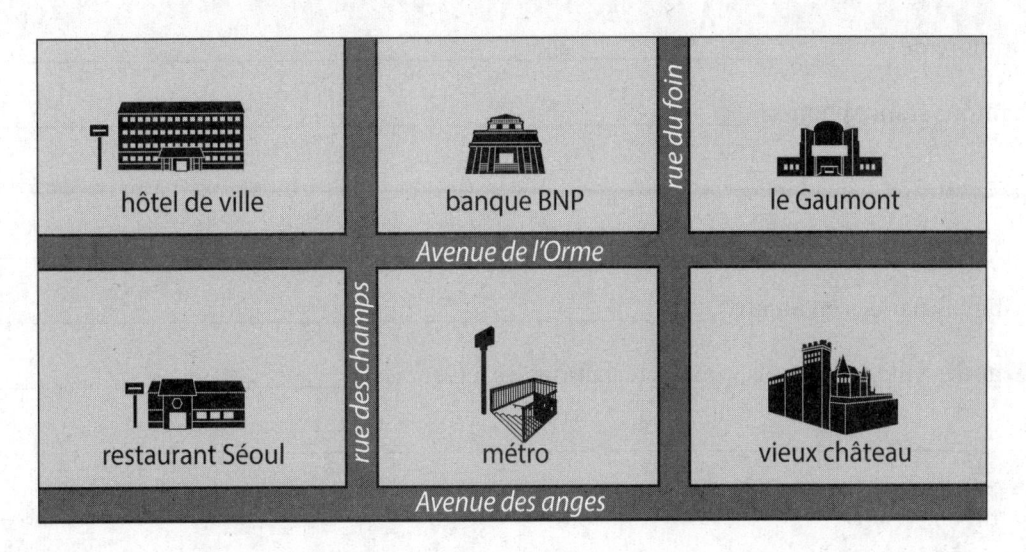

hôtel de ville	banque BNP	le Gaumont
	Avenue de l'Orme	
restaurant Séoul	métro	vieux château
	Avenue des anges	

rue du foin (right side), *rue des champs* (middle)

1. Excusez-moi, nous sommes devant l'hôtel de ville. Où se trouve le cinéma Gaumont?

   _____

   _____

2. Pardon, je suis à la bouche du métro. Où se trouve l'hôtel de ville?

   _____

   _____

3. Excusez-moi, je suis au restaurant Séoul. Où se trouve le vieux château?

   _____

   _____

4. Pardon, nous sommes au vieux château. Où se trouve l'hôtel de ville?

   _____

   _____

Nom et prénom: _____ Classe: _____ Date: _____

Culture

28 Complete the following profile for Switzerland. Refer to the **Points de départ** in **Leçon C** to help you. You may also need to do additional online research.

1. Nombre de cantons: _____

2. Cantons francophones: _____
   _____

3. Cantons bilingues: _____

4. Langues parlées en Suisse: _____

5. Grandes villes et organisations internationales à Genève: _____
   _____
   _____

6. Spécialités industrielles de chacun de ces groupes:

   Nestlé: _____

   Novartis: _____

   CERN: _____

   UBS et Crédit Suisse: _____

Nom et prénom: _____ Classe: _____ Date: _____

29 Vous allez faire un voyage en Suisse avec votre famille. Décrivez les sites et lieux que vous voudriez voir, et les activités que vous voulez faire.

_____
_____
_____
_____
_____
_____
_____
_____
_____
_____
_____

Nom et prénom: _____ Classe: _____ Date: _____

Structure

30 Answer the following questions using the appropriate superlatives.

1. Quel est le monument le plus célèbre de France?
   _____

2. Quelle est l'artiste la plus populaire aux États-Unis?
   _____

3. Quel est le footballeur français le plus cher?
   _____

4. Quelle est la ville la plus célèbre pour le cinéma en France?
   _____

5. Quelle est l'équipe de football française la plus connue?
   _____

6. Quelle est l'île des Antilles françaises la plus visitée?
   _____

7. Quel est le plus jeune président français?
   _____

8. Quelle est la plus mauvaise note sur vingt?
   _____

9. Quelle est l'organisation francophone la plus célèbre en Suisse?
   _____

10. Quel est l'élève le plus sympa de votre classe?
    _____

Nom et prénom: _____ Classe: _____ Date: _____

31 Ask questions in the superlative, using the elements provided below.

MODÈLES fille/bavard
Qui est la fille la plus bavarde?
le prof/grand
Qui est le plus grand prof?

1. athlète/énergique
_____

2. amie/généreux
_____

3. étudiant/génial
_____

4. camarade/drôle
_____

5. personne/blond
_____

6. acteur/petit
_____

7. la prof/strict
_____

8. chanteuse/jeune
_____

9. élève/nouveau
_____

32 Write sentences in the superlative, using **c'est** or **ce sont**.

> **MODÈLES** lycée/vieux
> **C'est le plus vieux lycée.**
>
> boulangeries/ancien
> **Ce sont les boulangeries les plus anciennes.**

1. film/intéressant

2. étudiantes/intelligent

3. garçons/drôle

4. fille/joli

5. teuf/génial

6. salle d'informatique/moderne

7. maison/grand

Nom et prénom: _____ Classe: _____ Date: _____

33 Write sentences in the superlative, using the following elements. Pay attention to the placement of the adjectives.

> **MODÈLES** Marie Curie/intelligent
> **Marie Curie est la femme la plus intelligente.**
>
> la pâtisserie Bouillet/bon
> **La pâtisserie Bouillet est la meilleure pâtisserie.**

1. Michael Jackson/bon
   _____

2. Zinédine Zidane/populaire
   _____

3. l'équipe de France/sportif
   _____

4. les fast-food/mauvais
   _____

5. les chocolats suisses/bon
   _____

6. les commerçants/diligent
   _____

7. les tartes aux poires/joli
   _____

8. le brie triple crème/riche
   _____

9. mon grand-père/vieux
   _____